영어독해. 부분에서 헤매지 말고, 글 전체 구조를 보라!

이 책을 쓰신 분들

이창봉 가톨릭대학교 영어영문학부
이미영 백석대학교 어문학부
김혜영 가톨릭대학교 영어영문학부

이 책을 검토하신 분들

최은주 고양일고등학교
유윤정 대전글꽃중학교
지소철 영어전문저자
Ryan P. Lagace 감수, 영어전문저자

디딤돌 구조독해 II

펴낸날 [초판 1쇄] 2023년 5월 1일
펴낸이 이기열
펴낸곳 (주)디딤돌 교육
주소 (03972) 서울특별시 마포구 월드컵북로 122 청원선와이즈타워
대표전화 02-3142-9000
구입문의 02-322-8451
내용문의 02-325-3224
팩시밀리 02-323-2808
홈페이지 www.didimdol.co.kr
등록번호 제 10-718호
구입한 후에는 철회되지 않으며 잘못 인쇄된 책은 바꾸어 드립니다.

Photo credit

09

정답없음

① 주민투표는 주민에게 과도한 부담을 주거나 중대한 영향을 미치는 지방자치단체의 주요 결정사항으로, 그 지방자치단체의 조례로 정하는 사항을 주민이 직접 결정하는 제도라고 할 수 있다.

② 예산편성시 주민이 참여할 절차를 마련해야 하는 것은 자치단체장의 의무사항이지만 수렴된 주민의견의 반영은 임의사항이다.

③ 지방자치법 개정으로 주민조례 발안제도가 도입되었다. 18세 이상 주민으로서 당해 지방자치단체 관할구역에 주민등록되어 있는 사람은 해당 지방자치단체의 지방의회에 조례를 제정하거나 개정 또는 폐지할 것을 청구할 수 있다.

④ 주민소환은 비례대표 시·도의원 및 비례대표 자치구·시·군의원은 제외한다.

10

정답 : ②

② 감사청구한 주민은 감사청구한 사항과 관련이 있는 위법한 행위나 업무를 게을리한 사실에 대하여 해당 지방자치단체장을 상대방으로 하여 소송을 제기할 수 있으며, 감사청구 대상에는 지방세·사용료·수수료·과태료 등 공금의 부과·징수를 게을리한 사항이 포함된다.

11

정답 : ②

② 정보제공은 행정기관과 주민 간의 정보회로가 쌍방적이 아닌, 행정기관에서 주민으로 통하는 일방적인 것이어서 환류를 통한 협상과 타협에 연결되지 못하는 수준이다.

① 회유(유화)는 주민들이 정보를 제공받고 각종 위원회 등에 참여하여 의견을 제시하는 등의 채널은 존재하지만, 최종 결정권은 행정기관에 있으므로 정책결정에 영향력을 행사하는 능력이 거의 없는 수준이다.

③ 대등협력(동반자, 협력관계)은 행정기관이 최종결정권을 가지고 있지만 주민도 필요하다고 판단할 경우에 행정기관에 맞서서 자신의 주장을 내세울 만큼의 영향력을 갖고 있는 수준으로, 그들의 주장을 협상으로 유도할 수 있다.

④ 권한위임은 주민이 우월한 권력을 가지면서 정책결정권을 행사하고 집행단계에서도 강력한 권한을 행사할 수 있는 것으로, 행정기관은 문제해결을 위해 주민을 협상으로 유도하는 수준이다.

📖 포인트 정리

주민감사청구 대상사항

- 공금의 지출에 관한 사항
- 재산의 취득·관리·처분에 관한 사항
- 해당 지방자치단체를 당사자로 하는 매매·임차·도급 계약이나 그 밖의 계약의 체결·이행에 관한 사항
- 지방세·사용료·수수료·과태료 등 공금의 부과·징수를 게을리한 사항

Arnstein의 주민참여 유형

참여단계	참여형태
시민통제(Citizen control)	주민권력의 단계 (실질적 참여)
권한위임 (Delegated power)	
공동협력(Partnership)	
회유(설득 : Placation)	명목적 참여 단계 (형식적 참여)
자문(상담 : Consulting)	
정보제공(Informing)	
치료(교정 : Therapy)	비참여 단계
조작(제도 : Manipulation)	

정답

09 정답없음 10 ② 11 ②

12 우리나라의 주민소환제도에 관한 설명으로 옳지 않은 것은?

2008 국가 7급

① 주민소환의 방식은 해당 관할구역의 주민들이 자율적으로 정한다.

② 지방자치에 관한 주민의 직접참여를 확대하고, 지방행정의 민주성과 책임성을 제고함을 목적으로 한다.

③ 2007년에 경기도 하남시에서 주민소환투표가 최초로 실시되었다.

④ 주민소환의 대상자는 지방자치단체의 장 및 지방의회의원이지만 비례대표 지방의회의원은 제외된다.

CHAPTER 10 정부 간 관계론, 광역행정, 일선기관

실질적 력(역량) 업그레이드

01 특별지방자치단체에 대한 설명으로 옳지 않은 것은?

2022 국가 9급

① 2개 이상의 지방자치단체가 공동으로 특정한 목적을 위하여 광역적으로 사무를 처리할 필요가 있을 때에는 특별지방자치단체를 설치할 수 있다.

② 보통의 지방자치단체와 같이 법인격을 갖는다.

③ 특별지방자치단체의 의회는 규약으로 정하는 바에 따라 구성 지방자치단체의 의회 의원으로 구성한다.

④ 구성 지방자치단체의 장은 「지방자치법」상 겸임 제한 규정에 의해 특별지방자치단체의 장을 겸할 수 없다.

02 광역행정에 대한 설명으로 옳지 않은 것은?

2019 국회 8급

① 광역행정의 방식 중 통합방식에는 합병, 일부사무조합, 도시공동체가 있다.

② 광역행정은 지방자치단체 간의 재정 및 행정서비스의 형평적 배분을 도모한다.

③ 광역행정은 규모의 경제를 실현할 수 있다.

④ 광역행정은 지방자치단체 간의 갈등해소와 조정의 기능을 수행한다.

⑤ 행정협의회에 의한 광역행정은 지방자치단체 간의 동등한 지위를 기초로 상호협조에 의하여 광역행정사무를 처리하는 방식이다.

06

② 개인의 사생활을 침해할 우려가 있는 사항은 감사청구 대상에서 제외되는 사항으로 사무의
처리가 법령에 위반되거나 공익을 현저히 해친다고 인정되더라도 감사를 청구할 수 없다.

① 주민에게 과도한 부담을 주거나 중대한 영향을 미치는 지방자치단체의 주요 결정사항 등에
대하여 주민투표에 부칠 수 있다.

> **지방자치법 제14조(주민투표)** ① 지방자치단체의 장은 주민에게 과도한 부담을 주거나 중대한 영향
> 을 미치는 지방자치단체의 주요 결정사항 등에 대하여 주민투표에 부칠 수 있다.
>
> **주민투표법 제7조(주민투표의 대상)** ① 주민에게 과도한 부담을 주거나 중대한 영향을 미치는 지방
> 자치단체의 주요결정사항으로서 그 지방자치단체의 조례로 정하는 사항은 주민투표에 부칠 수
> 있다.

③ 주민 감사청구를 처리(각하 포함)할 때 주무부장관이나 시·도지사는 청구인의 대표자에게
반드시 증거제출 및 의견 진술의 기회를 주어야 한다.

④ 지방자치단체장은 지방예산 편성 등 예산과정에 주민이 참여할 수 있는 제도를 마련하여 시
행하여야 한다.

07

① 주민소환투표 대상은 선출직 지방공직자인 해당 지방자치단체의 장 및 지방의회의원을 대상
으로 한다. 비례대표 시·도의원 및 비례대표 자치구·시·군의원은 제외한다.

② 2년이 아니라 1년이다. 해당 선출직 지방공직자에 대한 주민소환투표를 실시한 날부터 1년
이내인 때는 주민소환을 실시할 수 없다.

③ 주민소환투표권자 총수의 1/3 이상의 투표와 유효투표 총수 과반수의 찬성으로 확정된다.

④ 30일이 아니라 14일이다. 소환투표의 효력에 이의가 있는 경우 투표결과가 공표된 날부터 14
일 이내에 관할 선거관리위원회 위원장을 피소청인으로 하여 소청을 제기할 수 있다.

08

② ㄱ, ㄹ이 옳은 내용이다.

ㄱ. [O] 주민참여예산제도는 예산의 투명성과 공정성을 높이고 예산에 대한 시민사회의 지지를
획득할 수 있다.

ㄹ. [O] 지방예산 편성과정에의 주민참여는 지방의회의 예산심의권과 충돌될 수 있다.

ㄴ. [X] 우리나라의 주민참여예산제도는 광주광역시 북구에서 2004년에 처음 도입한 후 지방재
정법에 주민참여의 법적 근거와 절차를 규정하였다.

ㄷ. [X] 주민의 참여 절차는 「지방재정법」에 규정되어 있다.

포인트 정리

**주민감사청구 제외사항(지방자치법
제16조)**

> 1. 수사나 재판에 관여하게 되는 사항
> 2. 개인의 사생활을 침해할 우려가 있는
>   사항
> 3. 다른 기관에서 감사하였거나 감사 중
>   인 사항

정답

06 ② 07 ① 08 ②

우리나라의 주민참여제도에 대한 연결로 옳지 않은 것은?

① 주민투표제도 - 주민에게 과도한 부담을 주거나 중대한 영향을 미치는 지방자치단체의 주요 결정사항으로서, 그 지방자치단체의 조례로 정하는 사항을 주민이 직접 결정하는 제도이다.

② 주민참여예산제도 - 법령이 정하는 절차에 따라 수렴된 주민의 의견을 검토하고, 그 결과를 예산편성에 반영하지 않을 수도 있다.

③ 주민발의제도 - 주민이 직접 조례의 제정 및 개폐를 청구할 수 있는 제도로, 주민은 지방의회에 이를 청구하게 되어 있다.

④ 주민소환제도 - 주민은 그 지방자치단체의 장 및 지방의회의원을 소환할 수 있다. 단, 비례대표의원은 제외된다.

10 다음 중 주민소송을 제기할 수 있는 경우는?

① 자치단체장이 부당하게 특정인을 승진시킨 경우

② 자치단체장이 지방세의 징수를 게을리하여 재산상 손실을 끼친 경우

③ 자치단체장의 주민 동의 없이 지역 내에 원자력발전소를 유치한 경우

④ 자치의회가 부당한 조례를 제정하였을 때

⑤ 자치단체의 명칭 및 구역을 변경하고자 할 때

11 아른슈타인(S.R.Arnstein)이 분류한 주민참여수준에 대한 설명으로 옳지 않은 것은?

① 회유(placation)는 주민이 정보를 제공받고, 각종 위원회 등에서 의견을 제시, 권고하는 등의 역할은 하지만, 주민이 정책 결정에 영향력을 행사하는 능력은 갖지 못하는 수준이다.

② 정보제공(informing)은 행정기관과 주민 간의 정보회로가 쌍방향적이어서 환류를 통한 협상과 타협에 연결되는 수준이다.

③ 대등협력(partnership)은 행정기관이 최종결정권을 가지고 있지만 주민이 필요하다고 판단될 경우 행정기관에 맞서서 자신의 주장을 내세울 만큼의 영향력을 갖고 있는 수준이다.

④ 권한위임(delegated power)은 주민이 정책의 결정·실시에 우월한 권력을 가지고 참여하는 경우로, 주민의 영향력이 강하여 행정기관은 문제해결을 위하여 주민을 협상으로 유도하는 수준이다.

정답과 해설

II

구조
독해

영어 독해, 부분에서 헤매지 말고, 글 전체 구조를 보라!

II

구조독해 II
정답과
해설

1

0 Ⓐ ⓑ Ⓑ ⓐ Ⓒ ⓒ

1 이점[효과], (환자의) 정서적 도움, (환자의) 건강 개선, (환자의) 통증 완화 2 ② 3 ② 4 ④

5 (to) improve 또는 (to) recover 또는 (to) get better

Ⓐ Animal therapy refers to many services done by animals to help people with mental and physical illnesses. Dogs, cats, birds, or even pigs are being used for this. It is a kind of complementary or alternative therapy, and it cannot replace other medical treatments.

Ⓑ Trained animals can help patients in many ways. First, patients can get emotional support from them. Patients with serious illnesses often suffer from depression or stress. As they cuddle or hug trained animals, their depression levels will go down. Then, this leads to the actual improvement of patients' health. As patients' stress levels are reduced, their bodies can now focus on their physical recovery. Research shows that patients' blood pressures and heart rates actually got better after they received animal therapy. Lastly, animals can even <u>reduce</u> patients' pain levels. Patients usually feel more pain when they are alone and isolated. With the trained animals, they feel less pain and therefore need a smaller amount of painkillers. It was recently reported that some patients receiving animal therapy needed only 50% of painkillers.

Ⓒ However, there are some risks involved in this therapy. Those who are allergic to the animals should avoid contact with them. Others who are uncomfortable with animals can get more stress. Sometimes, a patient becomes too attached to an animal, leading to possessiveness or hurt feelings.

이 글의 구조와 요약

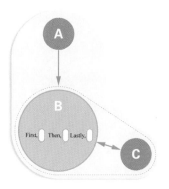

일반 (주제)	A	definition of animal therapy (동물 요법의 정의) – 동물을 활용해 환자들의 심신을 치료하는 대체 요법
구체 (설명)	B	benefits of animal therapy (동물 요법의 이점) – 정서적 도움, 건강 개선, 통증 완화
	C	potential risks of animal therapy (동물 요법의 잠재적 위험) – 알레르기 반응, 애착과 소유욕에 의한 상심

전문해석

Ⓐ 동물 요법이란 동물들을 활용해 정신적, 신체적 질병에 걸린 사람들을 돕는 여러 가지 서비스를 말한다. 개, 고양이, 새, 심지어 돼지까지도 이것(동물 용법)에 활용되고 있다. 일종의 보완 또는 대체 요법이라서, 다른 의학적 치료법들을 대신할 수는 없다.

Ⓑ 훈련받은 동물들은 여러 방식으로 환자들을 도울 수 있다. 우선, 환자들은 그들(훈련받은 동물들)에게서 정서적 도움을 받을 수 있다. 심각한 질병에 걸린 환자들은 종종 우울감이나 스트레스에 시달린다. 그들이 훈련받은 동물들에게 몸을 붙이거나 포옹을 하면, 그들(환자들)의 우울증 단계가 낮아질 것이다. 그때, 이것은 환자들의 건강이 실질적으로 개선되는 결과로 이어진다. 환자들의 스트레스 정도가 줄면, 그들의 몸은 이제 육체의 회복에 집중할 수 있게 된다. 연구에 따르면, 동물 요법을 받은 후에 환자들의 혈압과 심장 박동 수는 실제로 더 좋아졌다. 마지막으로, 동물들은 환자들의 통증 단계까지도 낮출 수 있다. 환자들은 보통 혼자 있거나 고립되어 있을 때 통증을 더 많이 느낀다. 훈련받은 동물들과 함께 있으면, 환자들은 통증을 덜 느끼며, 따라서 더 적은 양의 진통제를 필요로 하게 된다. 최근에 보고된 바에 의하면, 동물 요법을 받는 일부 환자들은 진통제의 50퍼센트만을 필요로 했다고 한다.

Ⓒ 그러나, 이 요법에는 어느 정도의 위험이 포함되어 있다. 동물들에 알레르기 반응을 보이는 사람들은 그들(동물들)과의 접촉을 피해야 한다. 또한 동물들을 불편하게 여기는 사람들은 더 많은 스트레스를 받게 될 수도 있다. 때때로, 동물에 너무 애착하게 되어 환자가 소유욕이 생기거나 마음의 상처를 입게 될 수도 있다.

0 단락 관계 파악

이 글은 **A**에서 동물 요법이 무엇인지 일반적인 정의를 제시하고, **B**에서 동물 요법의 효과와 이점을 구체적으로 소개한 뒤에, **C**에서는 동물 요법의 잠재적 위험성을 알리는 구조로 구성되어 있다.

1 구체적 진술(사례) 파악

B에는 동물 요법이 환자에게 의학적으로 미치는 이점 즉, 긍정적인 효과들이 열거되어 있는데, 환자들의 우울증과 스트레스를 완화하는 정서적 도움, 혈압과 심장 박동이 좋아지는 건강 개선, 그리고 통증 완화가 구체적으로 언급되어 있다.

2 내용 불일치

A에서 일종의 보완 또는 대체 요법(a kind of complementary or alternative therapy)이고, 다른 의학적 치료법들을 대신할 수는 없다고 했으므로 ② '동물 요법은 최근에 전통적인 치료법을 대체했다.'는 글의 내용과 일치하지 않는다.
① 동물 요법은 대개 개와 고양이 같은 반려동물들을 활용한다.
③ 이점들은 동물과 환자 간의 정서적 유대감에서 비롯된다.
④ 동물에 대해 알레르기가 있는 사람들은 동물 요법을 받으면 안 된다.

3 문맥 추론

앞 문장에서 말한 내용을 가리키는 this와 the actual improvement of patients' health는 빈칸을 사이에 두고 원인과 결과의 관계를 보인다. 따라서 빈칸에는 결과의 의미를 나타내는 동사가 들어가야 한다. 그러나 ② interfere는 '간섭하다, 개입하다'를 의미하므로 적절하지 않다.
① 유발하다
③ 결과를 낳다
④ 초래하다

4 문맥 추론

빈칸 바로 뒤에 환자들이 혼자 있거나 고립되어 있을 때 통증을 더 많이 느끼지만, 동물과 함께 있으면 통증이 완화되어 진통제 복용량이 줄어든다는 내용이 이어지므로, 빈칸에는 ④ '낮추다, 줄이다'가 들어가는 것이 적절하다.
① 증가시키다
② 발전시키다
③ 유지하다

5 요약문 완성

> 동물 요법은 여러 면에서 환자들이 나아지는 데 도움이 된다. 환자들은 정신적, 육체적 건강상의 이점을 얻을 수 있다. 그러나, 일부 사람들은 이 치료법을 사용할 때 주의할 필요가 있다.

동물 요법은 정서적 도움, 건강 개선, 통증 완화와 같이 환자들의 건강을 개선하고 회복하는 데 도움을 준다고 하였으므로, 건강의 '개선'이나 '회복'과 관련된 단어가 빈칸에 들어가야 한다. improvement와 recovery, 그리고 got better가 본문에 쓰인 이러한 단어이고, 준사역동사 help의 목적격보어 자리에 들어가야 하므로 (to) improve나 (to) recover 또는 (to) get better가 빈칸에 들어갈 말로 적절하다.

어휘 · 구문

A
- therapy 치료, 치료법   • complementary 보충하는, 보완의
- alternative 대체하는; 대안   • replace 대신하다, 되돌리다
- treatment 치료, 처리법
- Animal therapy refers to many services [**done** by animals] **to help** people with mental and physical illnesses.:
  [ ]는 앞의 명사구를 수식하는 과거분사구이고, to help는 '~하기 위해서'라는 의미의 부사적 용법의 to부정사이다.

B
- patient 환자; 인내심이 강한   • emotional 정서적인, 감정의
- depression 우울(증), 침울   • cuddle 몸을 붙이다, 안다
- improvement 개선, 향상   • reduce 줄이다, 축소하다
- recovery 회복, 만회   • blood pressure 혈압
- isolate 격리하다, 고립시키다   • painkiller 진통제

C
- allergic 알레르기의, 신경 과민의   • contact 접촉, 연락
- uncomfortable 불편한, 거북한   • attach 애착하다, 붙이다
- possessiveness 소유욕, 독점욕
- Sometimes, a patient becomes too attached to an animal, [**leading** to possessiveness or hurt feelings].:
  [ ]는 결과를 나타내는 분사구문으로, and it leads to ~로 바꾸어 쓸 수 있다.

2

0 Ⓐ ⓐ Ⓑ ⓒ Ⓒ ⓑ

1 ④   **2** ②   **3** ④   **4** ②   **5** ①

Ⓐ A plant makes a new plant by moving its seeds. To produce a new plant, the seed must move to a place where it can sprout.

Ⓑ The farther the seed travels, the better it can grow. Why? If the seed settles nearby its mother plant, it cannot get enough light, water, and nutrients due to competition from other plants.

Ⓒ <u>For this reason</u>, plants have developed various means of sending their seeds as far as possible. Seed size is the most important factor. Light seeds can easily travel long distances by wind. How about bigger and heavier seeds? Interestingly, some seeds have feathery "parachutes." These parachutes enable the seeds to go longer distances. Obviously, these seeds can travel much farther by taking a parachute ride than by simply floating around at the mercy of the wind. Actually, animals help bigger plant seeds travel the longest distance. Animals eat fruits and digest only the soft parts of the fruits. Then, the hard seeds remain inside the stomach. The animals can go long distances and release the seeds in their wastes.

이 글의 구조와 요약

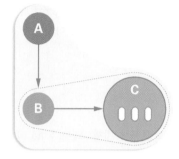

일반 (주제)	A	Why do plants spread seeds? (식물들은 왜 씨앗을 퍼뜨리는가?) – 발아할 수 있는 장소로 이동시킴
구체 (사례)	B	Why do plants spread seeds as far as possible? (식물들은 왜 씨앗을 가능한 한 멀리 퍼뜨리는가?) – 멀리 이동할수록 잘 성장함
	C	How do plants spread seeds as far as possible? (식물들은 어떻게 씨앗을 가능한 한 멀리 퍼뜨리는가?) – 바람, 깃털 모양 낙하산, 동물의 소화와 배설

전문해석

Ⓐ 식물은 자신의 씨앗을 이동시킴으로써 새로운 식물을 만든다. 새로운 식물을 만들어 내려면, 씨앗이 발아할 수 있는 장소로 이동해야만 한다.

Ⓑ 씨앗은 더 멀리 이동할수록, 더 잘 성장할 수 있다. 왜? 씨앗이 모식물 가까이에 자리를 잡으면, 다른 식물들과의 경쟁 때문에 빛, 물, 영양분을 충분히 얻을 수가 없다.

Ⓒ 이런 이유 때문에, 식물들은 가능한 한 멀리 자신의 씨앗을 퍼뜨리는 다양한 방법들을 진화시켜 왔다. 씨앗의 크기는 가장 중요한 요소이다. 가벼운 씨앗들은 바람을 타고 먼 거리를 쉽게 이동할 수 있다. 더 크고 무거운 씨앗들은 어떨까? 흥미롭게도, 어떤 씨앗들은 깃털 모양 '낙하산'을 갖고 있다. 이 낙하산은 씨앗이 더 먼 거리를 갈 수 있게 해준다. 분명, 이 씨앗들은 바람이 부는 대로 그냥 떠다니는 것보다는 낙하산을 타고 감으로써 훨씬 더 멀리 이동할 수 있다. 사실 동물들은 식물의 씨앗들이 가장 먼 거리를 이동하는 데 도움을 준다. 동물들은 과일을 먹고서 그 과일의 부드러운 부분만을 소화시킨다. 그러면, 딱딱한 씨앗들은 위 안에 남게 된다. 그 동물들은 멀리 떨어진 곳까지 가서 그 씨앗들을 배설할 수 있다.

0 단락 관계 파악

이 글은 '식물들이 왜 씨앗을 퍼뜨리는가'라는 가장 일반적인 주제로 시작하여, '왜 씨앗을 가능한 한 멀리 퍼뜨리는가'로 초점을 좁힌 뒤, '어떻게 씨앗을 가능한 한 멀리 퍼뜨리는가'로 주제를 점점 구체화하여 뚜렷하게 만드는 구조로 되어 있다.

1 연결어 추론

빈칸 앞에는 씨앗을 멀리 이동시켜야 한다는 내용이, 뒤에는 씨앗을 퍼뜨리는 다양한 방법들을 진화시켜 왔다는 내용이 언급되었다. 앞에 이유를 설명하고, 뒤에 그로 인한 구체적인 결과가 이어지므로 빈칸에 들어갈 연결어로는 ④ '이런 이유로'가 가장 적절하다.

① 게다가

② 예를 들어

③ 달리 말하자면

2 요약문 완성

> 씨앗은 크기에 따라 바람, 깃털 모양 낙하산, 동물 등 다양한 방법으로 퍼뜨릴 수 있다.

식물이 잘 발아하고 성장하기 위해서 각기 그 크기에 따라 씨앗을 더 멀리 퍼뜨리는 방법을 진화시켜 왔다는 내용의 글이다. 따라서 빈칸 (A)에는 '퍼뜨리다'를 뜻하는 동사가, 빈칸 (B)에는 '크기'를 뜻하는 명사가 들어가는 것이 가장 적절하다.

① 발아될 – 거리

③ 자리 잡을 – 영양분

④ 이동할 – 바람

3 문맥 추론

빈칸 앞에는 빛, 물, 영양분을 충분히 얻을 수 없다는 내용이, 뒤에는 다른 식물들과의 경쟁이 나온다. 경쟁은 원인이고, 얻을 수 없는 것은 결과이다. 따라서 빈칸에는 뒤에 원인이 오는 표현인 '~ 때문에'가 들어가야 한다. ④ leading to는 '(결과로) ~이 되다'라는 뜻으로 앞에 원인, 뒤에 결과가 나오므로 적절하지 않다.

① ~ 때문에, ~로 인해

② ~ 때문에, ~ 덕분에

③ ~ 때문에

4 유의어

means는 '수단, 방법'을 뜻하며, ways, methods, channels는 모두 유의어들이다. 그러나 ② reasons는 '이유, 명분'을 뜻하므로 의미상 거리가 멀다.

① 방법

5 유의어

release the seeds in their wastes는 '배설물로 그 씨앗들을 내보낸다'는 의미이다. 따라서 release와 의미가 가장 가까운 단어는 '떨어뜨리다'를 뜻하는 ① drop이다.

② 소화하다

③ 모으다

④ 경작하다

어휘·구문

A

- seed 씨앗 • produce 만들어 내다, 생산하다
- sprout 발아하다, 싹이 트다

B

- settle 자리잡다, 정착하다 • nutrient 영양분
- due to ~ 때문에 • competition 경쟁
- **The farther** the seed travels, **the better** it can grow.:
  「the+비교급+주어+동사 ~, the+비교급+주어+동사 ....」구문은 '~하면 할수록, 더 ...하다'라는 의미이다.

C

- various 다양한, 갖가지의 • send 퍼뜨리다, 보내다
- factor 요소, 인자 • feathery 깃털 모양의 • parachute 낙하산
- obviously 분명, 명백히 • float 뜨다, 떠다니다
- at the mercy of ~의 마음대로, ~에 좌우되어 • digest 소화하다
- remain 남다, 머무르다 • release 내보내다 • wastes 배설물
- For this reason, plants have developed various means of sending their seeds **as far as possible**.:
  「as+원급+as possible」은 '가능한 한 ~한[하게]'라는 의미로 「as+원급+as+주어+can[could]」로 바꾸어 쓸 수 있다.

3

0 ④

1 ①　　　**2** ②　　　**3** ①　　　**4** argument, solution / emotional, sympathy

A According to linguist Deborah Tannen, men use language mostly to make an argument or suggest a logical solution, while, for women, language is primarily for emotional connections with other people. This difference easily explains why men and women often talk differently in their everyday lives.

B First, notice the difference when a sick child approaches her father or mother. When the child says, "Dad, I'm sick. I have a headache," the father's typical response is to say, "Did you take medicine?" to suggest a logical solution. This is sharply contrasted with the mother's typical response, "Oh, dear. Too bad! Let me see how sick you are." Notice that the mother's first response is to express sympathy toward her sick child.

C Second, this difference gives us a clue in understanding <u>why men and women often argue during a date</u>. When a woman says to her boyfriend, "I feel bad about the test result," he often says, "You must change the way you study. Study harder next semester." Then, the woman feels worse than before the conversation, and a heated argument begins. What she wanted was not a solution but sympathy and emotional support.

이 글의 구조와 요약

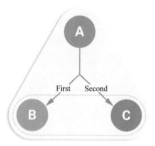

First　　Second

일반 (이론)	A	남녀의 언어 사용 목적 – 남성: 주장이나 논리적 해결책 제시 – 여성: 타인과의 정서적 관계 형성
구체 (사례)	B	아빠와 엄마가 아픈 자녀에게 다르게 반응하는 상황
	C	남녀 간 데이트 중에 발생하는 갈등 상황

전문해석

A 언어학자인 데버라 태넌에 의하면, 남성들은 주로 어떤 주장을 하거나 논리적 해결책을 제시하기 위해 언어를 사용하는 반면, 여성들에게 있어 언어는 주로 다른 사람들과의 정서적 관계를 위한 것이다. 이 차이는 남성들과 여성들이 일상에서 종종 다르게 말하는 이유를 쉽게 설명해준다.

B 먼저, 몸이 아픈 자녀가 아버지나 어머니에게 다가갈 때 보이는 차이를 주목해보자. 그 아이가 "아빠, 저 아파요. 두통이 있어요."라고 말하면, 아버지의 전형적인 대답은 "약 먹었어?"라고 말함으로써 논리적인 해결책을 제시하는 것이다. 이것은 "아, 이런. 어쩌지! 얼마나 아픈지 엄마가 좀 보자." 같은 어머니의 전형적인 반응과 극명하게 대비

된다. 어머니의 첫 반응이 아픈 자녀에 대해 동정심을 표현하는 것임에 주목하자.

C 둘째, 이 차이점은 우리에게 남녀가 데이트 중에 왜 자주 다투는지를 이해할 수 있는 실마리를 준다. 한 여성이 자기 남자친구에게 "시험 성적 때문에 기분이 언짢아."라고 말하면, 남자친구는 대개 "자기는 공부하는 방식을 바꿔야 해. 다음 학기에는 공부를 더 열심히 해."라고 말한다. 그러면, 그 여성은 대화를 하기 전보다 더 기분이 나빠져서 격한 말다툼이 시작된다. 그녀가 원한 것은 어떤 해결책이 아니라, 공감과 정서적 지지였던 것이다.

0 서술 방식 이해

이 글은 **A**에서 전문가의 말을 인용하여 남녀의 언어 사용 목적의 다른 점을 일반적 진술로 대조한 뒤, **B**와 **C**에서는 예시 속 상황에서 남녀의 언어가 어떻게 다른지 대조·대비하여 구체적으로 보여주는 구조로 되어 있다. 따라서 이 글의 서술 방식으로는 ④ '예시 속 대조로 이론 설명'이 적절하다.

1 빈칸 추론

두 번째 사례를 제시하는 부분에 빈칸이 있다. this difference가 빈칸의 내용을 이해하는 실마리를 제공한다고 했으므로, 뒤에 이어지는 사례를 통해 빈칸의 내용을 유추해야 한다. 사례에서는 남녀가 서로 다른 언어 사용 방식으로 인해 다투게 되는 장면을 보여주고 있으므로, 빈칸에 들어갈 말로 ① '남녀가 데이트 중에 왜 자주 다투는지'가 가장 적절하다.
② 남성들이 전형적으로 어떻게 여성들에게 데이트를 신청하는지
③ 남녀 간의 몇 가지 신체적 차이
④ 남성들의 사회적 행동이 여성들의 그것(사회적 행동)과 어떻게 다른지

2 요약문 완성

> 언어 연구는 남성들이 주로 <u>주장</u>을 하기 위해 언어를 사용하는 반면, 여성들은 주로 정서적 <u>관계</u>를 위해 언어를 사용한다는 점을 보여준다. 이 차이는 그들이 왜 매일 다르게 말을 하는지, 왜 데이트 중에 자주 다투는지를 설명해준다.

남성과 여성의 언어 사용 목적의 차이를 제시한 뒤 그 사례를 보여주는 글로, 남성은 주로 주장을 하고 논리적 해결책을 제시하기 위해, 여성은 정서적 유대와 공감을 표현하기 위해 언어를 사용한다는 내용이다. 따라서 빈칸 (A)에는 '주장', (B)에는 '관계'가 들어가는 것이 가장 적절하다.
① 연설 – 해결책
③ 조화 – 차이
④ 결정 – 표현

3 유의어

primarily는 '주로, 우선, 원래'를 뜻하므로, ① mainly(주로)와 의미가 가장 가깝다.
② 간결하게
③ 궁극적으로
④ 점차

4 중심어 파악

남성	여성
• to make an **argument** 주장하기 • to suggest a logical **solution** 논리적 해결책 제시하기	• to give **emotional** support 정서적 지지 보내기 • to express **sympathy** 동정심(공감) 표현하기

남성은 주장을 하거나 논리적 해결책을 제시하기 위해, 여성은 대화 상대에게 정서적 지지와 동정심(공감)을 표현하기 위해 언어를 사용한다.

어휘·구문

A
• linguist 언어학자 • language 언어 • argument 주장, 논쟁
• logical 논리적인, 분석적인 • solution 해결책
• primarily 주로, 첫째로 • emotional 정서적인, 감정의
• connection 연결, 관계

B
• notice 주목하다, 알아차리다 • response 반응, 응답
• suggest 제시하다, 암시하다 • be contrasted with ~와 대비되다
• express 표현하다 • sympathy 동정, 공감
• This is sharply contrasted with the mother's typical response, "Oh, dear. Too bad! **Let me see** [how sick you are].":
  「사역동사 let+목적어+목적격보어(동사원형)」 구문으로 '~이 하게 ...하다'라는 의미이다. [ ]는 see의 목적어 역할을 하는 명사절로, 간접의문문의 어순 「의문사구+주어+동사」를 따르고 있다.

C
• clue 실마리, 단서 • result 결과, 성적
• semester 학기 • support 지지, 지원
• [What she wanted] was **not** a solution **but** sympathy and emotional support.:
  [ ]는 문장의 주어 역할을 하는 관계대명사절로, 선행사를 포함하는 관계대명사 what은 '~하는 것'의 의미이다. 명사절 주어 [ ]는 단수 취급하므로 단수 동사 was가 쓰였고, 「not A but B」 구문은 'A가 아니라 B'라는 의미이다.

4　**0** Ⓐ ⓐ Ⓑ ⓒ Ⓒ ⓑ Ⓓ ⓓ
1 ②　　　**2** ①　　　**3** ④　　　**4** ②　　　**5** ④

Ⓐ Like humans, animals can communicate with each other. Studies show that animals such as dogs, cats, elephants, dolphins, chimpanzees, and whales make distinct sounds to send messages. In addition, a recent study shows that some animals can understand and use nonverbal communication.

Ⓑ Chimpanzees, for example, can read facial expressions. [One important characteristic of chimpanzee society is the rank system among its members.] Researchers showed short videos of positive and negative events to some chimpanzees. Then, they showed the chimpanzees images of two facial expressions: positive and negative.

Ⓒ The chimpanzees matched negative facial expressions (such as chimpanzees screaming or showing bare teeth) with photos of animal doctors and needles. On the other hand, they matched positive facial expressions with their favorite foods. In other words, the chimpanzees' choices were closely linked with their ability to recognize objects that produce positive and negative emotions.

Ⓓ This research shows that chimpanzees can use nonverbal as well as verbal communication. So, our animal friends are capable of reading the facial expressions of their fellow mates. They might be smarter than we think.

이 글의 구조와 요약

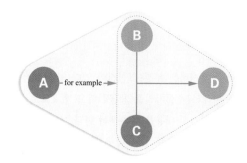

일반 (주제)	A	주제 제시 – 동물들도 사람들처럼 소리나 비언어적 수단을 활용해 의사소통함
구체 (사례)	B	연구 방법 – 침팬지들을 대상으로 얼굴 표정과 관련한 실험을 함
	C	연구 내용 – 실험에서 보인 침팬지들의 반응
	D	연구 결과와 해석 – 동물들도 소리와 표정 등으로 의사소통할 수 있음

전문해석

Ⓐ 사람들처럼, 동물들도 서로 의사소통할 수 있다. 여러 연구에 따르면, 개, 고양이, 코끼리, 돌고래, 침팬지, 고래 같은 동물들은 독특한 소리를 내면서 의사를 전달한다. 그뿐만 아니라, 최근의 연구에 의하면 일부 동물들은 비언어적 의사소통을 이해하고 사용할 수 있다.

Ⓑ 예를 들어, 침팬지들은 얼굴 표정을 읽을 수 있다. [침팬지 사회의 가장 중요한 특징 중 하나는 구성원들 사이의 계급 체계이다.] 연구자들은 침팬지들에게 긍정적인 사건과 부정적인 사건들이 담긴 짧은 영상들을 보여주었다. 그런 다음, 침팬지들에게 긍정적인 것과 부정적인 것, 두 가지 얼굴 표정의 이미지들을 보여주었다.

Ⓒ 침팬지들은 부정적인 얼굴 표정들(비명을 지르거나 이빨을 드러내는 침팬지들 같은)을 수의사들 및 주사바늘 사진들과 짝지었다. 반면에, 긍정적인 얼굴 표정은 그들이 가장 좋아하는 먹이와 짝지었다. 즉, 침팬지들의 선택은 긍정적인 감정과 부정적인 감정을 불러일으키는 대상을 인식할 수 있는 그들의 능력과 밀접하게 연관되어 있었다는 것이다.

Ⓓ 이 연구는 침팬지들이 언어적 의사소통뿐만 아니라 비언어적 의사소통도 사용할 수 있음을 보여준다. 이렇듯, 우리의 동물 친구들은 친한 친구들의 얼굴 표정을 읽을 수 있는 능력을 갖고 있다. 그들은 우리가 생각하는 것보다 더 똑똑할지도 모른다.

0 단락 역할 파악

이 글은 **A**에서는 동물의 의사소통 능력에 대한 주제를 제시하고, **B**에서 침팬지의 표정 읽기 연구를 소개한 뒤, **C**에서 연구 내용을 구체적으로 설명하고 있으며, **D**에서 그 연구 결과와 해석을 통해 **A**에서 언급한 주제와 같은 결론을 내리는 구조이다.

1 무관한 문장

B는 침팬지들이 얼굴 표정을 읽고 이해할 수 있다는 주장과 함께 연구자들이 했던 실험을 소개하고 있다. 침팬지들이 표정을 통해 긍정적, 부정적 감정과 사건들을 이해하고 연결 지을 수 있다는 내용이므로, ⓑ '침팬지 사회의 가장 중요한 특징 중 하나는 구성원들 사이의 계급 체계이다.'는 이 글의 흐름과 관계없는 문장이다.

2 제목 파악

동물들도 소리뿐만 아니라 비언어적 의사소통을 할 수 있다는 것이 이 글의 주제이다. 이러한 주제를 드러낼 수 있는 제목으로는 ① '동물들의 의사소통 능력'이 가장 적절하다. 침팬지로 대표되는 동물의 의사소통 능력을 주로 다루고 있고, 인간의 의사소통에 관한 내용은 언급되어 있지 않으므로 ④는 답이 될 수 없다.
② 동물들이 의사소통 기술을 발전시키는 방식
③ 동물들 간의 다른 의사소통 수준
④ 인간과 동물 의사소통의 유사점

3 내용 불일치

C에서 침팬지들의 부정적인 얼굴 표정의 하나로 비명을 지르는 것을 예로 들었기 때문에 ④는 글의 내용과 일치하지 않는다. ①과 ②는 주제가 담긴 **A**에서, ③은 구체적 실험 사례가 소개된 **C**에 알 수 있다.

4 단어 관계

nonverbal은 '비언어적인, 말이 아닌'을 의미하므로, nonverbal communication은 소리를 내지 않는, 표정이나 몸짓, 눈짓 같은 의사소통을 의미한다. 그러나 ② '연설'은 소리가 필요한 행위이므로 ②가 정답이다.
① 몸짓
③ 눈짓·눈 맞춤
④ 얼굴 표정

5 연결어 추론

> 침팬지들은 부정적인 얼굴 표정들(비명을 지르거나 이빨을 드러내는 침팬지들 같은)을 수의사들 및 주사바늘 사진들과 짝지었다. 반면에, 긍정적인 얼굴 표정은 그들이 가장 좋아하는 먹이와 짝지었다.

빈칸 앞에는 부정적인 표정과 이미지를 짝지었다는 내용이고, 뒤에는 긍정적 표정과 이미지를 연결했다는 내용이 언급되어 있다. 빈칸 앞뒤로 서로 대비·반대되는 내용이 이어지므로, 빈칸에 들어갈 말로 ④ '반면에'가 가장 적절하다.
① 여전히
② 그러므로
③ 예를 들어

어휘 · 구문

A

• communicate 의사소통하다   • distinct 독특한, 구별되는
• nonverbal 비언어적인, 말이 아닌

• Studies show [that animals {such as dogs, cats, elephants, dolphins, chimpanzees, and whales} make distinct sounds to send messages].:
[ ]는 show의 목적어 역할을 하는 명사절로, { }는 주어 animals를 수식하는 형용사구이고, make가 that절의 동사이다.

B

• expression 의사 표현, 표정   • characteristic 특징, 특질의
• rank 계급, 지위   • positive 긍정적인, 확신하는
• negative 부정적인, 거부의

C

• match 짝짓다   • in other words 즉
• recognize 인식하다, 인정하다   • object 대상, 물체
• emotion 감정, 정서

D

• research 연구, 조사   • mate 짝, 동료

• This research shows that chimpanzees can use nonverbal **as well as** verbal communication.:
「B as well as A」 구문은 'A뿐만 아니라 B도'라는 의미로 「not only A but also B」로 바꿔 쓸 수 있다.

5

0 Ⓐ ⓑ Ⓑ ⓐ Ⓒ ⓒ

1 ③   2 ④   3 ④   4 ③   5 ②

6 자외선이 바이러스와 박테리아를 죽이는 것

Ⓐ What is ultraviolet (UV) radiation? Radiation means the emission of energy, and UV radiation comes mainly from the sun. Most of the UV radiations are blocked by the atmosphere of the earth, and only 2.3% affect us. However, if this small amount of UV rays did not exist, we would not be able to survive.

Ⓑ Without UV rays from the sun, we would not have enough vitamin D, because vitamin D is produced by UV rays. Vitamin D helps to make our bones and muscles stronger. It strengthens our body's immune system and lowers the risk of getting diseases. Also, UV rays kill viruses and bacteria, which helps to keep us healthier. Lastly, vitamin D affects our mood. Sun rays stimulate our brain and produce a certain chemical to improve our mood. If you should live in a region with rainy weather, the lack of UV would often make you gloomy.

Ⓒ ④ However, UV rays have negative effects on humans as well. Too much UV causes skin cancer and makes you sunburnt. Over-exposure to UV rays could also damage your immune system, and it could harm your eyesight, too. Therefore, you need to protect yourself properly to avoid too much exposure to UV rays.

이 글의 구조와 요약

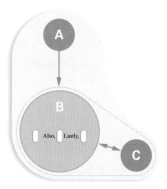

일반 (주제)	A	자외선 복사의 정의와 영향 – 태양이 방출하는 에너지로, 소량이라도 생존을 위해 필요함
구체 (설명)	B	자외선의 세 가지 이점 – 비타민 D 생성, 살균, 정서적 도움
	C	자외선 과다 노출의 위험성 – 피부암, 화상, 면역체계 손상, 시력 저하

전문해석

Ⓐ 자외선이란 무엇일까? 방사는 에너지의 방출을 의미하며, 자외선은 주로 태양에서 나온다. 대부분의 자외선은 지구의 대기에 의해 차단되고, 겨우 2.3퍼센트만이 우리에게 영향을 미친다. 그러나, 이 정도로 적은 양의 자외선마저 존재하지 않는다면, 우리는 생존할 수 없을 것이다.

Ⓑ 태양에서 나오는 자외선이 없다면, 우리는 비타민 D를 갖지 못한다. 왜냐하면 비타민 D는 자외선에 의해 생성되기 때문이다. 비타민 D는 우리의 뼈와 근육을 더 강하게 만드는 데 도움이 된다. 비타민 D는 우리 몸의 면역체계를 강화시키며, 질병에 걸릴 위험성을 낮춰준다. 또한, 자외선은 바이러스와 박테리아를 죽여서 우리가 더 건강할 수 있도록 도움을 준다. 마지막으로, 비타민 D는 우리의 정서에도 영향을 미친다. 햇빛은 우리의 뇌를 자극해서 기분이 좋아지게 하는 특정 화학물질을 생성한다. 만약 당신이 우기가 있는 지역에 산다면, 자외선 부족으로 인해 종종 우울해질 것이다.

Ⓒ 그러나, 자외선은 인간에게 부정적인 영향 또한 미칠 수 있다. 너무 많은 양의 자외선은 피부암을 유발하고 햇볕으로 인한 화상을 입게 만든다. 또한 자외선에 과다 노출이 되면 면역체계가 손상될 수 있으며, 시력에도 해로울 수 있다. 따라서, 과도한 자외선 노출을 피하여 스스로를 적절하게 보호할 필요가 있다.

0 단락 관계 파악

이 글은 **A**에서 자외선 복사의 정의와 영향을 언급하며 글의 소재와 주제를 소개하고, **B**와 **C**에서는 자외선의 세 가지 이점과 자외선 과다 노출의 위험성을 열거하여, **A**에서 언급한 주제인 '소량의 자외선이 없으면 생존할 수 없다'를 구체적으로 뒷받침하는 구조이다.

1 내용 불일치

B에서 자외선이 비타민 D를 생성해 뼈와 근육을 강하게 만들고, 면역체계를 강화시키며, 살균 작용을 하고, 정서에도 영향을 미친다는 내용이 열거되어 있다. 따라서 ③은 글의 내용과 일치하지 않는다.

2 주어진 문장 넣기

> 그러나, 자외선은 인간에게 부정적인 영향 또한 미칠 수 있다.

주어진 문장의 연결어 However로 보아 이 문장 앞에는 자외선의 긍정적인 측면이, 뒤에는 부정적인 측면이 언급되었음을 알 수 있다. 따라서 문맥상 자외선의 여러 긍정적인 효과를 열거한 **B**와 부정적인 효과를 열거하기 시작하는 **C** 사이인 ④에 주어진 문장이 들어가는 것이 가장 적절하다.

3 요지 파악

자외선은 우리의 건강에 도움이 되지만, 과도한 노출은 해로울 수 있다는 내용의 글이므로 ④ '적당한 양의 자외선은 우리 건강에 좋다.'가 글의 요지로 가장 적절하다. ①과 ②는 세부적인 일부 내용만 언급하고 있고 ③은 글의 내용과 다르기 때문에 요지로 적절하지 않다.
① 자외선은 해로운 바이러스와 박테리아를 죽인다.
② 태양의 자외선은 우리의 기분에 이롭다.
③ 우리는 최대한 자외선을 피해야 한다.

4 다의어

'(지구를 둘러싼) 대기, 공기, 분위기, 무드' 등의 의미가 있으며, 여기서는 '대기'라는 의미로 쓰였다. 즉, atmosphere는 ③ '지구를 덮고 있는 가스층'을 의미한다.
① 어떤 곳에서 당신이 숨 쉬는 공기
② 어떤 것의 충만한 색조나 분위기
④ 어떤 곳이 즐겁거나 흥이 난다는 느낌

5 단어 관계

①, ③, ④는 비슷한 의미로 짝지어진 반면, ②는 반대 의미의 단어들이다.
① 손상을 주다 : 해를 끼치다

② 더 강한 : 더 낮은; 낮추다
③ 생산[생성] 하다 : 만들다
④ 강화하다 : 향상하다

6 관계대명사 which

콤마(,) 뒤의 which는 문맥에 따라 앞 문장 전체 내용을 가리킨다. which가 앞에 있는 명사인 viruses and bacteria를 가리키면 문장의 전체 의미가 불분명하게 되며, 관계사절의 동사가 helps인 것을 통해서도 viruses and bacteria가 아니라 앞 문장을 가리키는 것임을 알 수 있다.

어휘·구문

A

- ultraviolet radiation 자외선   • radiation 방사, 복사
- emission 방출, 방사   • block 차단하다, 막다
- atmosphere 대기, 분위기   • affect 영향을 주다   • UV ray 자외선
- exist 존재하다   • survive 살아남다, 생존하다

- However, **if** this small amount of UV rays **did not exist**, we **would** not be able to survive.:
  「If+주어+과거동사[were] ~, 주어+조동사 과거형+동사원형」 형태의 가정법 과거 구문으로, 현재의 사실을 반대로 가정·상상해 보거나 현재나 미래에 실현 가능성이 희박한 일을 가정·상상한다.

B

- ray 광선, 빛줄기   • strengthen 강화하다, 힘을 돋우다
- immune 면역; 면역성의   • mood 정서, 기분, 분위기
- stimulate 자극하다, 활성화하다   • chemical 화학물질; 화학의
- lack 부족, 결핍   • gloomy 어두운, 침울한

- **Without** UV rays from the sun, we **would** not **have** enough vitamin D, because vitamin D is produced by UV rays.:
  '~이 없다면, …할 텐데'라는 Without 가정법 과거 구문으로 But for ~ 또는 If it were not for ~로 바꾸어 쓸 수 있다.

C

- sunburn 볕에 태우다   • over-exposure 과다 노출
- eyesight 시력, 시각   • properly 적절히   • avoid 피하다, 면하다

6

0 Ⓐ ⓑ Ⓑ ⓐ Ⓒ ⓒ

1 (1) 심장을 더 빠르게 뛰게 함 (2) 새끼를 덜 갖게 함 (3) 여러 목적으로 소리를 사용하는 동물들의 소리 사용을 어렵게 함 (4) 생존 능력을 심각하게 저해함   **2** ③   **3** ④   **4** unwanted sound, invisible danger

5 For example 또는 For instance

Ⓐ Have you ever experienced stress due to loud noises? You are not the only one, and there are many who are suffering various problems due to noise pollution.

Ⓑ Sound is measured in decibels. There are various sounds in the environment, from rustling leaves (20 to 30 decibels) to the wail of an ambulance siren (120 to 140 decibels). Sounds that exceed 85 decibels can harm a person's ears. Noise pollution is any unwanted sound that disturbs the health and well-being of humans and other organisms. It is an invisible danger. It cannot be seen, but it is present, on land as well as under the sea.

Ⓒ Noise pollution affects millions of people on a day-to-day basis. The most common health problem it causes is known as Noise Induced Hearing Loss (NIHL). Exposure to loud noise can also cause high blood pressure, sleep disturbances, heart problems, and stress. Noise pollution impacts not only humans but also wildlife. Loud noises cause insects' hearts to beat faster and birds to have fewer chicks. Animals also use sound for various reasons. <u>For example</u>, they use sound to direct, to find food, to attract the opposite sex, and to avoid natural enemies. Noise pollution makes it difficult for them to conduct these tasks, which seriously disturbs their ability to survive.

이 글의 구조와 요약

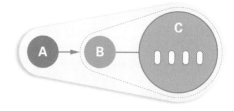

일반 (주제)	A	소음 공해로 고통받는 사람들
구체 (설명)	B	소음 공해의 정의 – 인간과 다른 생명체의 건강과 안녕을 위협하는, 원하지 않는 소리
	C	소음 공해가 유발하는 문제들 – 인간, 곤충, 조류, 동물들이 소음 공해의 영향을 받고 있음

전문해석

Ⓐ 시끄러운 소음 때문에 스트레스를 받은 적이 있는가? 당신만 그런 것은 아니고, 소음 공해로 갖가지 문제들을 겪고 있는 사람들은 많다.

Ⓑ 소리는 데시벨 단위로 측정된다. 바스락거리는 나뭇잎(20~30 데시벨)부터 구급차 사이렌 울림(120~140 데시벨)까지, 우리 주위에는 다양한 소리들이 존재한다. 85 데시벨이 넘는 소리들은 사람의 귀에 해가 될 수 있다. 소음 공해는 인간과 기타 생명체들의 건강과 안녕을 저해하는, 듣고 싶지 않은 모든 소리를 말한다. 그것은 보이지 않는 위험이다. 눈에 보이지는 않지만, 바닷속뿐만 아니라 육상에도 존재한다.

Ⓒ 소음 공해는 매일 수많은 사람들에게 영향을 미친다. 소음 공해가 일으키는 가장 흔한 건강 문제는 '소음성 난청(NIHL)'으로 알려져 있다. 또한 시끄러운 소음에 노출되면 고혈압, 수면 장애, 심장 이상, 스트레스 등이 발생할 수 있다. 소음 공해는 인간뿐만 아니라 야생 생물에게도 영향을 미친다. 시끄러운 소음은 곤충의 심장을 더 빨리 뛰게 하고, 조류들이 새끼를 덜 갖게 한다. 동물들 역시 다양한 이유로 소리를 활용한다. 예를 들어, 동물들은 소리를 활용해 방향을 정하고, 먹이를 찾고, 이성을 유혹하고, 천적을 피한다. 소음 공해는 동물들이 이런 필요한 일들을 실행하기 어렵게 만들어, 그들의 생존 능력을 심각하게 저해한다.

0 단락 관계 파악

이 글은 에서 '소음 공해로 고통받는 사람들'이 많다고 주제를 제시하고, B에서 소음 공해에 해당하는 소리의 범위와 영향을 간략하게 언급하여 소음 공해가 무엇인지 그 정의를 내린 뒤, 이어서 C에서 소음 공해가 인간과 동물에게 어떤 악영향을 미치는지 구체적으로 보여주는 구조이다.

1 구체적 진술(사례) 파악

C에 소음 공해의 폐해가 구체적으로 열거되어 있으므로 해당 정보를 찾을 수 있다. 소음 공해는 인간에게 갖가지 건강 문제를 일으킬 수 있고, 곤충에게는 심장 이상, 조류에게는 번식 방해를 유발하며, 소리를 활용하는 동물들의 일상적인 활동을 방해해 그들의 생존 능력을 떨어뜨린다.

2 주제 파악

소음 공해가 인간과 동물에게 미치는 악영향에 관한 내용이므로, 글의 주제로 ③ '소음 공해의 심각한 영향'이 가장 적절하다.
① 소음 공해를 줄이는 방법
② 소음 공해의 다양한 원인
④ 소음 공해의 사회경제적 효과

3 유의어

conduct는 '실행하다'를 뜻하며, do, perform, carry out 모두 유의어들이다. 그러나 ④ compete는 '경쟁하다, 겨루다'를 뜻하므로 의미상 거리가 멀다.
① 하다
② 실행하다
③ 수행하다

4 재진술

B에서 noise pollution(소음 공해)의 정의와 영향을 언급하고 있는데, unwanted sound(듣고 싶지 않은 소리)와 invisible danger(보이지 않는 위험)라고 표현하고 있다.

5 연결어 추론

빈칸 앞에 동물들이 다양한 이유로 소리를 활용한다는 내용이 언급되었고, 뒤에 다양한 이유에 해당하는 것들이 구체적으로 열거되고 있다. 따라서 빈칸에는 '예를 들어'를 뜻하는 For example 또는 For instance가 들어가는 것이 가장 적절하다.

- experience 경험하다, 겪다   • noise 소음, 듣기 싫은 소리
- suffer (부정적인 일을) 겪다, 견디다   • various 다양한, 갖가지의
- You are not the only one, and there are **many** [who are suffering various problems due to noise pollution].:
  [ ]는 선행사 many를 수식하는 주격 관계대명사절로, 여기서 many는 '다수(의 사람[것])'이라는 의미의 대명사로 쓰였다.

B
- measure 측정하다, 수치를 재다   • environment 주위, 환경
- rustle 바스락거리다   • exceed 초과하다, 넘다
- disturb 방해하다, 저해하다   • organism 생명체, 유기체
- invisible 보이지 않는

C
- induce 유발하다, 일으키다   • exposure 노출
- impact (나쁜) 영향을 주다, 충격   • chick 조류의 새끼
- opposite 반대의, 맞은편의   • conduct 실행하다, 행동하다
- seriously 심각하게, 진지하게
- Noise pollution makes **it** difficult **for them to conduct** these tasks[, **which** seriously disturbs their ability to survive].:
  「make it(가목적어)+for+목적격(의미상 주어)+to부정사(진목적어)」 구문이며, [ ]는 계속적 용법의 관계대명사절로 '그런데 그것은 ~'으로 해석한다.

7

0 For example / A ⓐ B ⓔ C ⓒ
1 ①
2 (A) shaping a child's personality (B) essential factors
3 ④
4 personality 또는 personality traits

Ⓐ Many theories in psychology have tried to explain how personality is formed and affected by various factors. The birth order theory, developed by Alfred Adler, an Austrian medical doctor and psychotherapist, is one of them. Adler's birth order theory focuses on the influence of birth order upon the thoughts and behaviors of a child. The theory states that a child's personality traits are not necessarily inherent when a child is born. Instead, the family environment and dynamics between family members, especially the parent-child relationship, play an essential role in shaping a child's personality.

Ⓑ For example, an only child tends to receive more attention from parents. This leads to more confidence, self-centeredness, maturity, and sensitivity in the child. As a first child leads younger siblings, the first child tends to be an achiever and leader. Thus, the first child can be controlling, reliable, or protective towards others. As for the second or middle child, the child could be more competitive, rebellious, or independent because the second child should share the attention of their parents with the older siblings.

Ⓒ However, many studies have stated that the birth order theory exaggerated the effect of birth order on personality. According to other studies, the socioeconomic status of the family, parental attitude, gender roles, and social influences also play a role in forming a child's personality.

이 글의 구조와 요약

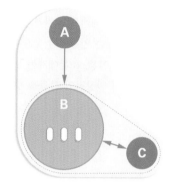

일반 (이론)	A	출생 순서 이론 소개 – 출생 순서가 개인의 성격 형성에 중요한 역할을 함
구체 (설명과 반론)	B	출생 순서 이론을 설명하는 사례 – 부모의 관심과 형제자매 사이에 주어진 역할로 인해 외동일 경우와 첫째와 둘째, 셋째 아이의 성향이 달라지게 됨
	C	출생 순서 이론의 문제점 지적 – 출생 순서의 영향을 과장함. 성격 형성에 미치는 다른 많은 요소들이 있음

전문해석

Ⓐ 심리학에서 많은 이론들이 성격이 어떻게 다양한 요소들에 의해 형성되고 영향을 받는지 설명하고자 했다. 오스트리아의 의학박사이자 심리치료사인 알프레드 아들러가 전개한 '출생 순서 이론'이 그 중 하나이다. 아들러의 출생 순서 이론은 어린 아이의 사고와 행동에 미치는 출생 순서의 영향에 초점을 맞춘다. 그 이론은 아이의 성향이 반드시 태어나면서부터 갖는 선천적인 것은 아니라고 주장한다. 그보다는, 가정환경과 가족 구성원들 사이의 역학 관계, 특히 부모와 자녀 관계가 아이의 성격 형성에 가장 중요한 역할을 한다는 것이다.

Ⓑ 예를 들어, 외동은 부모로부터 더 많은 관심을 받는 경향이 있다. 이것은 그 아이 안에 더 많은 자신감, 자기 주관, 성숙, 감수성 등을 형성하는 결과로 이어진다. 첫째 아이는 동생들을 이끌면서, 성취감이 높고 리더 역할을 하는 아이가 되는 경향이 있다. 그래서, 첫째 아이는 다른 사람들에 대해 통제적이고, 믿음직하고, 보호적인 성향이 될 수 있다. 둘째 아이나 중간에 낀 아이의 경우, 나이 많은 형제자매들과 부모의 관심을 나누어야 하기 때문에 더 경쟁적이거나, 반항적이거나, 독립적이 될 수 있다.

Ⓒ 그러나, 많은 연구들이 출생 순서 이론은 출생 순서가 성격에 미치는 영향을 과장한다고 주장해왔다. 다른 연구들에 따르면, 가족의 사회경제적 지위, 부모의 태도, 성별 역할, 사회적 영향들 역시 아이의 성격을 형성하는 데 일조한다.

0 단락 역할 파악

이 글은 A에서는 출생 순서 이론의 개념을 개괄적으로 소개하고, B에서는 예시를 통해 출생 순서 이론을 구체적으로 설명한 뒤, C에서는 출생 순서 이론의 문제와 한계로 지적되는 내용을 부연 설명하는 구조로 되어 있다.

1 연결어 추론

빈칸은 C의 맨 앞에 있다. 문맥을 연결하는 연결어를 찾을 때에는 앞과 뒤의 내용이 어떤 관계인지 파악해야 한다. A에는 이론의 주장이 나오고, B에는 그 주장의 구체적인 설명과 예시가 제시된 뒤, C에서는 출생 순서 이론이 과장되고, 다른 요소들도 성격 형성에 영향을 미친다는 내용으로 B를 반박하고 있다. 따라서 C의 빈칸에는 역접의 의미인 ① '그러나'가 들어가는 것이 가장 적절하다.
② 게다가, 더욱이
③ 그러므로, 따라서
④ 다시 말해서, 즉

2 요약문 완성

알프레드 아들러는 출생 순서가 아이의 성격 형성에 가장 중요한 역할을 한다고 주장했다. 오늘날에는, 가족의 사회경제적 지위, 부모의 태도, 성별 역할, 사회적 영향들 또한 아이의 성격과 관련해 가장 중요한 요소들로 여겨진다.

┤ 보기 ├

가장 중요한 요소들
출생 순서의 영향
아이의 성격 형성
아이의 타고난 성향 설명

출생 순서가 아이의 성격 형성에 아주 중요한 역할을 한다는 아들러의 주장, 그리고 그 주장의 문제를 지적하고 다른 중요한 요소들을 소개하는 내용의 글이다. 따라서 빈칸 (A)에는 '아이의 성격 형성', (B)에는 '가장 중요한 요소들'이 들어가는 것이 가장 적절하다.

3 의미 추론

inherent는 '타고난, 선천적인, 본래의, 고유한' 등을 뜻하는 형용사이다. 이미 안에 내재되어 있는, 자연적이고 기본적인 것을 뜻하는 단어이므로 ④ '어떤 것의 자연적 또는 기본적인 일부분으로 존재하는'을 의미한다.
① 자연과 조화롭게 일치하는
② 권리나 특권으로서 누군가에게 주어진
③ 아이가 성장하면서 서서히 발달한

4 포괄어

| 자신감 | 통제적인 | 믿음직한 |
| 경쟁적인 | 독립적인 |

주어진 단어들은 B에서 출생 순서에 따라 달라지는 아이의 '성격'을 설명하면서 쓴 표현이므로 personality 또는 personality traits가 답으로 적절하다.

어휘 · 구문

A

- theory 이론, 학설 • psychology 심리학, 심리
- personality 성격, 개성 • factor 요소, 요인
- psychotherapist 심리치료사 • influence 영향, 영향력
- necessarily 반드시, 필연적으로 • inherent 선천적인, 타고난
- dynamics 역학, 힘의 관계 • essential 가장 중요한, 필수의
- shape 형성하다
- The theory states that a child's personality traits are **not necessarily** inherent when a child is born.:
  부정어와 전부를 뜻하는 단어가 만나 '모두[항상/반드시/완전히/정확히] ~인 것은 아니다'라는 의미의 부분 부정을 나타낸다.
  ex. not + all / every / both / every- / always / necessarily / altogether / wholly / entirely / completely / quite / fully / exactly / absolutely ...

B

- attention 관심, 주의, 애정 • confidence 자신감, 확신
- self-centeredness 자기 주관 • maturity 성숙
- sibling 형제자매 • controlling 통제적인
- reliable 믿음직한, 신뢰할 수 있는
- competitive 경쟁적인, 경쟁심이 강한 • rebellious 반항적인, 고집 센
- independent 독립적인

C

- exaggerate 과장하다 • socioeconomic 사회경제적인
- status 지위, 신분, 상태 • attitude 태도, 마음가짐

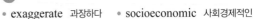

0 If the / **A** ⓑ **B** ⓐ **C** ⓓ
1 ⓑ → ⓐ → ⓒ　　　　　**2** ①
3 ④　　　　**4** (1) about which (2) which (3) through which (4) on which (5) through which

A Have you ever heard of "natural selection"? Natural selection is the process through which species adapt to their environments. Thus, it is the engine of evolution. Charles Darwin, the author of the famous *The Origin of Species*, developed the idea of natural selection.

B Natural selection is the process through which living organisms adapt and change. Individuals in a species are naturally variable. They are all different in some ways. This variation means that certain individuals have traits better suited to the environment than others. Individuals with adaptive traits, that is, the traits that enable certain individuals to adjust better to the environment, are more likely to survive and reproduce. These individuals then pass the adaptive traits on to their offspring. These advantageous traits are transmitted through generations and, over time, become dominant in the population. Then the process of natural selection is completed, and the species adapt successfully to the environment.

C If the environment changes rapidly, some species may fail to adapt to the change of the environment through natural selection and thus fail to survive. Many fossil records show many of the organisms that once lived on Earth are now extinct. Dinosaurs are one example. Dinosaurs did not have enough time to adapt to the catastrophic change of climate through natural selection, so only their fossils tell that they once thrived on Earth.

이 글의 구조와 요약

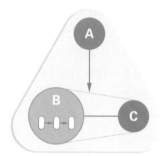

일반 (주제)	A	자연 선택의 정의 – 찰스 다윈의 자연 선택 이론 소개
구체 (설명과 사례)	B	자연 선택의 과정 – 특정 형질을 가진 개체들이 환경에 더 잘 맞추어 더 많이 생존 – 그 개체들이 자손에게 적응 형질을 물려줌 – 우성의 종이 되어 자연 선택 완성됨
	C	환경 적응에 실패한 경우 – 기후 변화에 적응하지 못한 공룡들은 멸종함

전문해석

A '자연 선택'이라는 말을 들어본 적이 있는가? 자연 선택은 생물 종들이 환경에 적응하는 일련의 과정이다. 따라서, 그것은 진화의 원동력이다. 그 유명한 '종의 기원'의 저자인 찰스 다윈이 자연 선택 개념을 전개했다.

B 자연 선택은 살아 있는 유기체들이 적응하고 변화하는 과정이다. 종의 개체들은 태생적으로 변하기 쉽다. 그들은 어떤 식으로든 모두 다르다. 이런 다양성은 특정 개체들이 다른 개체들보다 환경에 더 잘 맞추어왔다는 것을 의미한다. 적응 형질, 즉 특정 개체들이 환경에 더 잘 적응할 수 있게 하는 형질을 갖고 있는 개체들은 생존하고 번식할 가능성이 더 크다. 그 다음에 이 개체들은 자손들에게 그 적응 형질을 물려준다. 이런 유리한 형질들은 세대를 거치며 대물림되고, 시간이 지나면서 집단 내에서 우성이 된다. 그러면 자연 선택의 과정은 완성되고 그 종은 환경에 성공적으로 적응한다.

C 환경이 급속하게 변할 경우, 어떤 종은 자연 선택 과정에서 환경 변화에 적응하지 못해 생존에 실패할 수도 있다. 많은 화석 유물들이 한때 지구상에 살았던 생명체들 중 상당수가 지금은 멸종되었음을 보여준다. 공룡이 일례이다. 공룡들은 자연 선택 과정에서 재앙과도 같은 기후 변화에 적응할 시간이 충분하지 않았고, 그래서 오직 공룡의 화석들만이 그들이 한때 지구에서 번성했음을 말해준다.

0 단락 관계 파악

이 글은 **A**에서는 자연 선택 이론을 소개하여 주제를 언급한 뒤, **B**에서는 생물의 종이 환경에 적응하는 과정을 순서대로 제시하고, **C**에서는 환경 적응에 실패한 종의 사례를 제시하여 자연 선택이 무엇인지 구체적으로 설명하고 있다.

1 구체적 진술 파악

적응의 과정
ⓐ 어떤 형질들을 가진 개체들은 생존하고 번식할 가능성이 더 크다.

ⓑ 종의 개체들은 태생적으로 변하기 쉽다.

ⓒ 이런 형질들은 집단 내에서 우성이 된다.

생물이 환경에 적응하는 과정을 찰스 다윈의 '자연 선택' 이론에 따라 순서대로 배열하면 된다. 태생적으로 개체들은 환경에 따라 변하는 특성을 갖고 있는데(ⓑ), 적응 형질을 갖고 있는 개체들이 번성하고(ⓐ), 유전에 의해 그 형질이 그 생물 종에서 우성이 된다(ⓒ)는 흐름으로 배열되어야 한다.

2 제목 파악

찰스 다윈이 주장한 자연 선택 이론의 정의와 과정을 구체적인 설명과 사례로 알려주는 글이므로, ① '자연 선택의 과정'이 글의 제목으로 가장 적절하다.

② '종의 기원'의 영향

③ 일부 종의 멸종 원인

④ 공룡에 미친 환경의 영향

3 단어 관계

①, ②, ③은 비슷한 의미로 짝지어진 반면, ④는 반대 의미의 단어들이다.

① 형질 : 특성

② 적응하다 : 맞추다, 조절하다

③ 전하다 : 전파하다

④ 우성의, 지배적인 : 멸종한

4 전치사+관계대명사 which

관계대명사 which가 가리키는 명사와 관계대명사절의 동사와 전치사 관계를 잘 파악해야 한다. (1) write about – the subject, (3) came in and spread through – the window, (4) to build on – place, (5) invade through – a door처럼 which가 전치사의 목적어를 가리키는 경우 which 앞에 전치사를 써야 하고, (2) a matter – require처럼 which가 앞의 명사를 가리키며 주어 역할을 하는 경우 관계대명사 which만 쓰면 된다.

(1) 당신은 글을 쓰고자 하는 주제에 대해 어떤 생각들을 갖고 있어야 한다.

(2) 이것은 그들에게 더 많은 연구가 필요한 문제이다.

(3) 과거에, 항구는 외국 문화가 들어오고 퍼지는 창구였다.

(4) 이곳은 새로운 수도를 건설하기에 가장 적합한 장소이다.

(5) 로마 방위군의 실패가 게르만족이 이탈리아 반도로 침입하는 문을 열었다.

어휘·구문

A

- selection 선택, 선발 • species (생물의) 종(種)
- adapt 적응하다, 적응시키다 • evolution 진화
- develop 전개하다, 개발하다

- **Individuals** [with adaptive traits, that is, the traits {that *enable* certain individuals *to adjust* better to the environment}], **are** more likely to survive and reproduce.:
  문장의 주어는 전치사구 [ ]의 수식을 받는 Individuals이고 동사는 are이다. [ ] 안에서 adaptive traits와 the traits은 동격 관계이며 { }은 the traits를 수식하는 관계대명사절로, 「enable A+to부정사」 구문은 'A가 ~할 수 있게 하다'라는 의미이다.

B

- individual 개체, 개인 • trait 형질, 특성
- adjust 맞추다, 조정하다 • reproduce 번식하다, 복제하다
- offspring 자손, 새끼 • advantageous 유리한
- transmit 전달하다, 보내다 • generation 세대
- dominant 우성의, 지배적인 • complete 완성하다; 완전한

C

- fossil 화석 • extinct 멸종한, 사멸한
- catastrophic 재앙과 같은, 파멸적인 • climate 기후
- thrive 번성하다

- Dinosaurs did not have **enough time to adapt** to the catastrophic change of climate through natural selection, so only their fossils tell [**that** they once thrived on Earth].:
  「enough+명사+to부정사」 구문으로 '~하기에 충분한 ...'이라는 의미이다. [ ]는 tell의 목적어 역할을 하는 명사절이다.

④

A The body has an effective system of natural defence against parasites, called the immune system. The immune system is so complicated that it would take a whole book to explain it.

B ① Briefly, when it senses a dangerous parasite, the body is mobilized to produce special cells, which are carried by the blood into battle like a kind of army. ② Usually the immune system wins, and the person recovers.

C ③ After that, the immune system remembers the molecular equipment that it developed for that particular battle, and any following infection by the same kind of parasite is beaten off so quickly that we don't notice it. [❹ As a result, the weakened immune system leads to infection, and the infection causes damage to the immune system, which further weakens resistance.] ⑤ That is why, once you have had a disease like the measles or chicken pox, you're unlikely to get it again.

*parasite: 기생충, 균 *molecular: 분자의

이 글의 구조와 요약

일반 (주제)	A	면역 체계의 정의
구체 (설명)	B	면역 체계의 작동 과정
	C	면역 체계의 작동 결과

전문해석

A 신체는 면역 체계라 불리는 병균에 대항하는 효과적인 타고난 방어 체계를 갖고 있다. 면역 체계는 너무나 복잡해서 그것을 설명하려면 책 한 권 전체가 필요할 것이다.

B 간단히 말해, 면역 체계가 위험한 병균을 감지하면, 신체는 특별한 세포들을 만들어내기 위해 가동되며, 그 세포들은 마치 군대처럼 혈액을 통해 전쟁터로 운반된다. 일반적으로 면역 체계가 승리하고, 그 사람은 회복한다.

C 그 후 면역 체계는 그 특정한 전투를 위해 개발한 분자로 된 장비를 기억해서, 다음에 같은 종류의 병균에 의한 감염은 매우 빨리 퇴치되어, 우리는 그것을 알아차리지도 못한다. [그 결과, 약해진 면역 체계는 감염을 일으키고, 그 감염은 면역 체계에 손상을 일으켜, 저항력을 더 약화시킨다.] 그것이 당신이 홍역이나 수두와 같은 질병을 한 번 앓고 나면, 그것에 다시 걸릴 가능성은 거의 없어지는 이유이다.

무관한 문장 판단 ▶ 글의 주제와 각 문장의 역할을 파악할 수 있는가?

A 병균에 대항하는 효과적인 방어 체계를 면역 체계라고 한다고 했으므로, 이 글의 주된 내용이 면역 체계와 관련된 것이고 모든 문장이 그것에 대한 서술이어야 한다는 점을 생각해야 한다.

B 면역 체계라는 것이 복잡해서 방대하지만, 간단하게 줄여서 설명하고 있다. 특별한 세포들을 만들어 신체에 들어온 병균들과 싸우게 하고, 이기게 되면 몸이 회복된다는 내용이므로 주제와 관련이 있다는 판단을 해야 한다.

C 그 이후 과정을 설명하고 있는데 이 과정 또한 면역 체계를 설명해야 한다. ④는 언뜻 보면 면역 체계와 관련된 내용이지만, 바로 앞 내용(감염의 빠른 퇴치)의 결과(As a result)가 면역 체계에 부정적인 영향을 미친다는 것은, 논리적으로 맞지 않고 글의 흐름에도 배치된다. 따라서 이 글에서 다루는 내용과 상관없는 문장이라는 점을 판단할 수 있어야 한다.

결국 글의 주제를 파악했는지를 확인하는 문제이다.

 어휘·구문

A
- effective 효과적인　• defence 방어
- immune 면역성의　• complicated 복잡한

B
- briefly 간단히 말해　• mobilize 동원하다
- cell 세포　• recover 회복하다

C
- equipment 장비　• beat off 격퇴하다
- as a result 그 결과로　• resistance 저항
- measles 홍역　• chicken pox 수두

- After that, the immune system remembers **the molecular equipment** [**that** it developed for that particular battle], and any following infection by the same kind of parasite is beaten off so quickly that we don't notice it.:
[ ]은 접속사 that이 이끄는 동격의 명사절로, the molecular equipment를 그대로 설명하고 있다.

① 0 **A** ⓐ **B** ⓒ **C** ⓑ

1 ①　　　2 ④　　　3 ②　　　4 their love　　　5 ③　　　6 ④

A Every culture has unique superstitious beliefs. These superstitious beliefs are shared by many people, and often influence their behaviors, including their consumer behavior.

B There is an interesting example from Taiwan. Taiwanese people are very sensitive to colors and numbers. For example, for Taiwanese people, the luckiest color is red, and the luckiest number is 8. Taiwanese consumers are more likely to buy a red product than the same item in different colors. Their love of the number 8 is even stronger than that of the color red. They often show a willingness to pay more money to buy a "lucky" number of items inside a package (e.g., 8 golf balls) than the same package with more items (e.g., 10 golf balls). These are examples of superstitious beliefs about colors and numbers.

C In this globalized world, the knowledge of superstitious beliefs in different cultures will surely help business people make better decisions. For example, Taco Bell can make much more money by making an eight-layer taco wrap in Taiwan instead of its current seven-layer taco wrap.

이 글의 구조와 요약

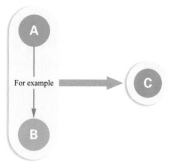

For example

판단 (주장)	A	미신과 인간 행동의 관계 – 미신은 소비 행태에 영향을 미침
근거 (사례)	B	타이완 사람들의 소비 행태 – 빨간색, 숫자 8을 행운과 연관 짓는 타이완 사람들
예측 (제안)	C	미신의 상업적 활용 가능성 – 타이완에서의 8겹짜리 타코

전문해석

A 문화권마다 고유의 미신을 갖고 있다. 이런 미신은 많은 사람들이 공유하며, 소비 행태를 비롯해 그들의 행동에 영향을 미치는 경우가 많다.

B 타이완에 흥미로운 사례가 있다. 타이완 사람들은 색깔과 숫자에 대단히 민감하다. 예를 들어, 타이완 사람들에게 가장 운이 좋은 색은 빨간색이며, 가장 운이 좋은 숫자는 8이다. 타이완의 소비자들은 같은 물건이라도 다른 색보다는 빨간색 물건을 더 살 가능성이 더 크다. 8이라는 숫자에 대한 선호는 빨간색에 대한 선호보다 훨씬 더 강하다.

그들은 종종 더 많은 제품이 들어 있는 상자(예를 들어, 10개의 골프공)보다는 '행운의' 숫자만큼 들어 있는 상자(예를 들어, 8개의 골프공)를 사기 위해 기꺼이 더 많은 돈을 지불하려는 의사를 보인다. 이것은 색과 숫자에 대한 미신의 한 예이다.

C 세계화된 이 세상에서, 다른 문화권에 있는 미신에 대한 지식은 분명 사업하는 사람들이 더 나은 선택을 하는 데 도움이 된다. 예를 들어, 타코벨은 지금 같은 7겹짜리 타코 랩 대신 타이완에서는 8겹짜리 타코 랩을 만들어 돈을 훨씬 더 많이 벌 수 있을 것이다.

0 단락 관계 파악

이 글은 **A**에서 미신과 인간 행동에 대한 글쓴이의 판단을 먼저 언급하고, **B**에서 그 판단의 근거를 타이완 사람들의 소비 행태를 구체적인 사례로 제시한 뒤, 나아가 **C**에서 미신의 상업적 활용 가능성을 예측한 구조로 되어 있다.

1 문장 관계 파악

이 글은 글쓴이의 판단이 먼저 언급되고, 그 판단의 근거를 구체적인 사례로 제시하는 구조를 갖고 있다. **A**에서 미신이 사람들의 행동에 영향을 미친다고 주장하고, **B**에서 타이완 사람들의 색깔과 숫자에 관한 미신을 근거로 제시하고 있다. ①은 글쓴이의 핵심 주장이자 주제문이고, 다른 문장들은 모두 ①을 뒷받침하는 근거로 제시된 내용들이다.
① 고유의 미신은 종종 사람들의 행동에 영향을 미친다.
② 타이완 사람들에게 가장 운이 좋은 색은 빨간색이고 가장 운이 좋은 숫자는 8이다.
③ 타이완 소비자들은 빨간색의 제품을 살 가능성이 더 크다.
④ 그들은 종종 '행운의' 수만큼 물건을 사기 위해 더 많은 돈을 지불하려는 의사를 보인다.

2 내용 불일치

①과 ②는 타이완 사람들의 색과 숫자에 관한 미신을 구체적으로 언급한 **B**에서, ③은 **C**의 첫 문장에서 알 수 있다. **C**에서 예로 언급한 것은 실제로 일어난 사실을 말하는 것이 아니라, 미신 때문에 타이완에서 성공할 수 있는 가능성이 있는 상황을 가정해서 말한 것이므로, ④는 글의 내용과 일치하지 않는다.

3 주장 파악

미신이 사람들의 행동과 소비 행태에 영향을 미친다는 주장을 먼저 하고, 구체적인 사례를 들어 그 주장을 뒷받침하고 있는 글이다. 따라서 ②가 글쓴이가 주장하는 바로 가장 적절하다. **A**의 첫 문장에서 문화권마다 고유의 미신을 갖고 있다고 했으므로 ①은 잘못된 주장이다.

4 지시대명사 that

바로 앞에서 사용한 단어를 반복해서 사용하지 않기 위해 명사를 지시대명사로 표현한 문장이다. that은 앞에 나오는 their love를 가리킨다.

5 조동사 can

주어진 문장은 사실을 전달하는 것이 아니라 글쓴이의 가정이다. 즉, 타이완의 미신을 활용하면 타코벨이 지금보다 돈을 더 많이 벌 수 있을 것이라고 가정하고 있으므로, 이 문장의 조동사 can은 ③ '가능성'을 나타낸 것으로 보는 것이 적절하다.
① 허가
② 의무
④ 필요

6 주어와 동사의 수 일치

④ 주어가 beliefs가 아니라 앞의 The knowledge이므로 동사는 are가 아니라 is가 되어야 한다.
① 「every+단수 명사」는 단수 취급하므로 단수 동사 has는 적절하다.
② 주어가 복수형 Koreans이므로 복수 동사 are는 적절하다.
③ a few interesting examples가 문장의 주어이므로 복수 동사 are는 적절하다.
① 문화마다 독특한 전통과 관습을 갖고 있다.
② 한국 사람들도 색과 숫자에 민감하다.
③ 세계 전역에 몇 가지 흥미로운 사례들이 있다.
④ 미신에 관한 지식은 사업에서 중요하다.

어휘 · 구문

A
- unique 고유의, 독특한 • superstitious 미신의, 미신에 의한
- belief 믿음, 신념 • influence ~에 영향을 미치다; 영향력
- behavior 행동, 습성 • consumer 소비(자)

B
- sensitive 민감한, 예민한 • be likely to ~할 가능성이 있다
- product 제품, 산물 • willingness 의사, 기꺼이 하기
- package 포장, 꾸러미 • item 제품, 물건
- Their love of the number 8 is **even stronger** than **that** of the color red.:
  even, much, still, far는 '훨씬'이라는 의미로 비교급을 강조하는 부사이다. very는 비교급을 강조할 수 없다. that은 앞의 명사 their love의 반복을 피하기 위해 사용된 지시대명사이다.

C
- globalized 세계화된 • knowledge 지식, 인식
- decision 결정 • layer 겹, 층 • current 지금의, 현행의
- In this globalized world, the knowledge of superstitious beliefs in different cultures will surely **help business people make** better decisions.:
  「help+목적어+목적격보어((to+)동사원형)」 구문으로 '~이 ...하는 것을 도와주다'라는 의미이다.

2

0 Ⓐ ⓒ Ⓑ ⓓ Ⓒ ⓑ
1 ④　　　　**2** not to fly too close to the sun　　　**3** ①　　　**4** ④
5 인간의 어리석음, 즉 이카로스가 날개에 대한 자만심으로 결국 날개를 잃고 죽게 된 것

Ⓐ Icarus is a young man in a Greek myth. Even though only a minor character in the story, his tragic death is a typical example of human folly and has inspired many artists even to this day.

Ⓑ Icarus was a beloved son of Daedalus, a famous inventor of Crete. One day, the King of Crete got angry at Daedalus and imprisoned the father and his son in a dangerous labyrinth. The labyrinth was so fatal that nobody had ever escaped from it. However, it was Daedalus himself that had designed the labyrinth by the King's order. Therefore, he could easily escape from it. However, escaping from Crete was not so easy because Crete was an island. He needed a ship, but no one could take a ship without the King's knowledge. Instead, Daedalus decided to fly in the air. He made wings with feathers and held them together with wax. Before his flight, Daedalus warned his son not to fly too close to the sun, as it could melt the wax in the wings.

Ⓒ At first, their journey on wings was successful, but Icarus got so excited that he forgot <u>his father's warning</u>. He felt very proud of his wings, and he wanted to fly as high as the sun. Eventually, the heat of the sun melted the wax, and young Icarus fell to the sea, to his father's heart-rending grief.

이 글의 구조와 요약

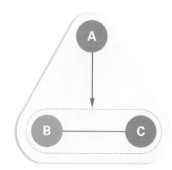

판단	A	그리스 신화와 그 의미 소개 – 이카로스의 비극적 죽음은 인간의 어리석음을 보여주는 사례임
근거	B	다이달로스와 이카로스의 위기 – 이카로스와 다이달로스는 날개를 만들어 크레타섬 탈출을 시도함
	C	이카로스의 자만심과 파멸 – 자만심 때문에 경고를 무시한 채 높이 날아 바다로 추락해 죽음

전문해석

Ⓐ 이카로스는 그리스 신화에 나오는 젊은 남성이다. 이야기 속에서는 비록 조연급 인물이지만, 그의 비극적인 죽음은 인간의 어리석음을 보여주는 전형적인 예이며, 오늘날까지도 많은 예술가들에게 영감을 불러일으켜 왔다.

Ⓑ 이카로스는 크레타의 유명한 발명가인 다이달로스가 대단히 사랑하는 아들이었다. 어느 날, 크레타의 왕이 다이달로스에게 화가 나서 그 부자를 위험한 미궁 속에 가두었다. 그 미궁은 너무도 치명적이어서 그곳을 빠져나온 사람은 아무도 없었다. 그러나, 왕의 명령에 따라 그 미궁을 설계한 사람이 바로 다이달로스 자신이었다. 따라서, 그는 쉽게 그곳을 탈출할 수 있었다. 그러나, 크레타는 섬이었기 때문에 크레타를 탈출하는 것은 그리 쉽지 않았다. 그는 배가 필요했지만, 왕이 모르게 배를 탈 수 있는 사람은 아무도 없었다. 대신에, 다이달로스는 하늘을 날기로 마음먹었다. 그는 깃털이 달린 날개를 만들어 그것들(날개들)을 밀랍으로 붙였다. 비행하기 전, 다이달로스는 날개 속 밀랍이 녹을 수 있으니 태양에 너무 가까이 날면 안 된다고 아들에게 경고했다.

Ⓒ 날개를 달고 가는 그들의 여행은 처음에는 성공적이었지만, 이카로스는 너무 신이 난 나머지 그만 <u>아버지가 한 경고</u>를 잊어버리고 말았다. 그는 자신의 날개가 너무도 자랑스러웠고, 그래서 태양만큼 높이 날아가고 싶었다. 결국, 태양의 열기가 밀랍을 녹였고, 그의 아버지의 가슴이 찢어질 만큼 애통하게도, 젊은 이카로스는 바다로 떨어지고 말았다.

0 단락 관계 파악

이 글은 **A**에서 그리스 신화 속 한 인물의 죽음이 인간의 어리석음을 보여주는 전형적인 사례임을 소개한 뒤, **B**와 **C**에서는 그 인물이 겪는 사건과 행동의 결과를 보여줌으로써 근거를 제시하는 구조이다. 즉, 신화 속 인물의 행동과 그 행동의 결과에 따른 죽음을 통해, 그것이 왜 인간의 어리석음을 의미하는 전형적인 사례인지 확인시켜주고 있다.

1 서술 방식 이해

B와 **C**에서 그리스 신화 속 사건을 시간순으로 보여주면서, 등장인물의 행동을 중심으로 서술하고 있다. 특히, 날개를 달고 비행하던 이카로스가 한 행동과 그 결과는 human folly(인간의 어리석음)가 무엇인지 단적으로 보여주는 장면이라고 볼 수 있다.

2 중심어에 담긴 내용 파악

밑줄 친 부분은 '아버지가 한 경고'이며, **B**의 마지막 문장에 다이달로스가 아들 이카로스에게 경고한 내용이 나와 있다. 다이달로스는 이카로스에게 날개의 밀랍이 녹을 수 있으니 태양에 너무 가까이 날지 말라(not to fly too close to the sun)고 했다.

3 요지 파악(속담)

이카로스는 날개를 달고 비행하는 자신이 자랑스러운 나머지 해서는 안 되는 행동을 하게 되어 바다로 떨어지고 말았는데, 자만심 때문에 스스로 몰락한 셈이다. 따라서 ①이 가장 어울리는 속담이다.

① 자만심은 몰락을 앞서간다. (자만하면 반드시 몰락하게 된다.)
② 비가 오기만 하면 퍼붓는다. (불행은 한꺼번에 몰려온다.)
③ 구르는 돌에는 이끼가 끼지 않는다. (꾸준히 노력하면 뒤처지지 않는다.)
④ 은빛 층이 없는 구름은 없다. (힘든 상황이라도 희망은 있다.)

4 다의어

knowledge는 '지식, 인지, 학문, 학식' 등의 의미가 있다. 여기서 without the King's knowledge는 '왕이 모르게'라는 의미로, knowledge는 어떤 사실을 '인지'하는 것, 즉 '알고 있는 상태'를 의미한다. 따라서 ④와 동일한 의미로 사용되었다.

① 그 나이 많은 학자는 인생의 마지막 날까지 <u>학문</u>을 추구했다.
② 그녀의 폭넓은 생물학에 대한 <u>학식</u>은 우리의 공동 프로젝트에 도움이 되었다.
③ 내 최근의 경험은 <u>지식</u>이 힘이라는 것을 믿게 만들었다.
④ 그가 남몰래 마을로 돌아왔다는 사실을 내가 <u>인지</u>하게 되었다.

5 의미 추론

이카로스 이야기가 주는 교훈은 자만하면 파멸한다는 것이다. human folly는 '인간의 어리석음'으로 이를 보여주는 구체적인 내용은 **C**에서 찾을 수 있다. 날개에 대한 자만심으로 태양 가까이 올라가 결국 날개를 잃고 죽게 되는 이카로스의 모습이 바로 인간의 어리석음을 상징적으로 보여주는 것이다.

3

0 Ⓐ ⓑ Ⓑ ⓒ Ⓒ ⓐ
1 (1) ⓑ (2) ⓒ (3) ⓓ (4) ⓐ **2** ④ **3** ④ **4** ④ **5** ②

Ⓐ Sometimes <u>ardent wishes, imagination, and strenuous efforts</u> make the impossible possible. For example, let's take a look at the channel crossing between Britain and France.

Ⓑ Up to 1907, there was only one way to cross the channel between Britain and France. That was, of course, by ship. In 1907, another way was added to the channel crossing: by plane. It was Frenchman Louis Blériot that first flew a plane across the Channel.

Ⓒ In 1994, a third way was added: by undersea tunnel. It is interesting that people thought of constructing an undersea tunnel as early as 1802. A French engineer proposed an undersea highway for horse-drawn carriages in 1802. It is remarkable that people considered it possible to construct an undersea tunnel with the construction techniques of the time. It was in 1987 that the dream began to be realized at last. After the leaders of Britain and France agreed to construct the Eurotunnel, the work finally started. On December 1, 1990, a Frenchman and an Englishman shook hands through a hole connecting the two tunnel ends. It was a memorable day for all who have dreamed of the undersea tunnel between Britain and France.

이 글의 구조와 요약

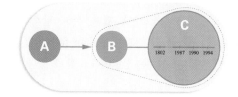

판단	A	불가능을 가능으로 만드는 것 – 꿈과 노력의 결과
근거	B	영국 – 프랑스 해협을 건너는 두 가지 방법 – 1907년 비행기가 추가되어, 배와 비행기로 건널 수 있게 됨
	C	해저 터널 완공까지의 과정 – 1802년, 최초 생각했던 방법이 1994년에 세 번째 방법으로 추가됨

Ⓐ 때때로 열렬한 소망, 상상력, 온 힘을 쏟는 노력이 불가능을 가능으로 만든다. 예를 들어, 영국과 프랑스 사이를 가로지르는 해협을 한 번 보자.

Ⓑ 1907년까지는, 영국과 프랑스 사이의 해협을 건너는 방법이 하나뿐이었다. 물론, 그것은 배로 가는 것이었다. 1907년에, 그 해협을 건너는 것에 다른 방법이 하나 더해졌다. 비행기였다. 최초로 비행기로 날아서 그 해협을 건넌 사람은 바로 프랑스의 루이 블레리오였다.

Ⓒ 1994년에, 세 번째 방법이 더해졌다. 해저 터널이었다. 이미 1802년에 사람들이 해저 터널을 건설할 생각을 했다는 사실이 흥미롭다. 1802년에 프랑스의 한 토목 기사가 말이 끄는 차량을 위한 해저 고속도로를 제안했다. 사람들이 그 당시의 건설 기술로 해저 터널을 만드는 것이 가능하다고 여긴 점이 놀랍다. 그 꿈이 마침내 실현되기 시작한 것은 바로 1987년이었다. 영국과 프랑스의 지도자들이 유로터널을 건설하기로 합의한 후에 그 작업은 마침내 시작되었다. 1990년 12월 1일, 터널의 두 끝을 연결하는 구멍을 통해 프랑스인과 영국인이 악수를 했다. 그날은 영국과 프랑스 사이의 해저 터널을 꿈꾸어 왔던 사람들 모두에게 잊지 못할 날이었다.

0 단락 관계 파악

이 글은 **A**에서 글쓴이가 불가능을 가능으로 만드는 것이 무엇인지 말한 뒤, **B**와 **C**에서는 영국과 프랑스 해협을 건너는 방법을 언급하고 있다. 특히, **C**에서 마지막 방법인 해저 터널을 완공하기까지의 과정을 자세히 서술하여, 불가능을 가능으로 만드는 게 무엇이라고 글쓴이가 생각하는지, 그 뒷받침 근거를 제시하는 구조로 되어 있다.

1 순서 파악

C에 1802년에 해저 터널 아이디어가 제안되었고, 1987년에 건설이 시작되었으며, 1990년에 터널이 연결된 구멍으로 악수를 했고, 1994년에 터널이 완공되어 세 번째 방법이 추가되었다는 사실이 언급되어 있다. 이를 통해 오랜 기간 동안 많은 노력을 기울여 해저 터널이 완공되었음을 알 수 있다.

(1) 해저 터널 건설 최초 제안(1802) → (2) 해저 터널 건설 시작 (1987) → (3) 해저 터널 연결(1990) → (4) 해저 터널 완공(1994)

2 내용 일치

글쓴이의 생각이 담긴 **A**와 연대기로 기술된 **C**를 종합하면 ④는 이 글의 내용 중 영국–프랑스 해저 터널과 관련된 것을 요약한 문장이라고 할 수 있으므로 글의 내용과 일치한다. ①, ②는 1994년 이전 영국–프랑스 해협을 건너는 방법은 배와 비행기 두 가지였으므로 일치하지 않는다. ③ 터널 제안은 영국인이 아니라 프랑스의 토목 기사였으므로 일치하지 않는다.

3 주제 파악

C에는 영국과 프랑스 사이에 해저 터널을 건설하는 과정이 상세하게 서술되어 있다. 1802년에 나온 아이디어가 1987년 실행에 옮겨져서 1990년에 터널이 뚫리고 마침내 1994년에 개통되었다는 내용을 통해, 오랜 세월 사람들의 꿈과 노력이 필요했다는 점을 유추할 수 있으므로 빈칸에 들어갈 말로 ④ '열렬한 소망, 상상력, 온 힘을 쏟는 노력'이 가장 적절하다.

① 인구 증가와 무역의 필요
② 국제적 분쟁의 평화적 해결
③ 경제 성장과 기술의 발전

4 의미 추론

이 글에서 글쓴이는, 많은 시간과 노력 끝에 해저 터널을 건설한 것과 같이, 이전에는 불가능하다고 여겨졌던 일이 가능해진 것을 말하기 위해 make the impossible possible 표현을 사용했다. 따라서 정답은 ④ '이전에는 불가능하다고 생각되었던 것을 달성하기'이다. 나머지는 이 글에서 사용된 의미와는 거리가 멀다.

① 기대를 뛰어넘는 제품 만들기
② 시장을 뒤흔드는 새로운 사업 모델 도입하기
③ 산업을 완전히 변화시키는 새로운 기술을 만들기

5 「It ~ that ...」: 가주어·진주어 구문, 강조 구문

문장 ⓐ와 ⓓ는 it과 that 사이에 강조된 내용이 들어간 강조 구문으로, 지우와 승관은 문장의 의도를 제대로 이해한 것이다. 문장 ⓑ와 ⓒ는 가주어 it과 진주어 that절이 쓰인 구문으로, 당시 사람들이 생각했던 것에 대해 글쓴이가 흥미롭거나 놀랍다고 판단한 내용이다. 따라서, 유진이 문장을 잘못 이해하고 있으므로 정답은 ②이다.

4

0 However, Fleming / **A** ⓐ **B** ⓓ **C** ⓑ

1 ① **2** ④ **3** ②

4 (1) 모든 과학적 발견이나 발명이 과학 연구자들의 원래 계획에서 나오는 것은 아니다. (2) 모든 과학적 발견이나 발명은 과학 연구자들의 원래 계획에서 나오지 않는다. **5** ⓐ, ⓑ

A Not all scientific discoveries or inventions come from the original plan of scientific researchers. Sometimes they come from mistakes or sheer luck. For example, let's take a look into the case of penicillin.

B Since its discovery, penicillin has saved millions of lives. However, its discovery came from a stroke of luck. Alexander Fleming, its discoverer, was looking for ways to destroy bacteria. To do that, he was growing bacteria on laboratory plates. Before going on a holiday in 1928, Fleming made two mistakes. ① <u>He didn't sterilize his plates, and he left the lab windows open.</u> When he came back from his holiday, Fleming noticed that some of his plates were ruined with a fungus, while others were normal. He was about to wash his plates when he found <u>something extraordinary</u>. There were clear spots in the plates where the fungus grew. The fungus had killed the bacteria he was growing! Fleming realized that this might be important, so he labeled and saved the plates.

C However, Fleming did not succeed in developing medicine from the fungus. It was Howard Florey and Ernst Chain who succeeded in turning the fungus into penicillin. Yet, people will always remember Alexander Fleming as the discoverer of penicillin.

이 글의 구조와 요약

판단 (견해)	A	과학적 발견과 발명의 우연성 – 페니실린 사례
근거 (사례)	B	실수로 인해 곰팡이를 발견한 플레밍 – 플레밍이 우연히 박테리아를 죽이는 곰팡이를 발견함
부연	C	페니실린 발견자로 기억되는 플레밍 – 곰팡이를 의약품으로 개발하는 데 실패했으나, 사람들은 플레밍을 페니실린의 발견자로 기억함

전문해석

A 모든 과학적 발견이나 발명이 과학 연구자들의 원래 계획에서 나오는 것은 아니다. 실수나 요행에서 나올 때도 있다. 예를 들어, 페니실린의 경우를 한번 보자.

B 발견 이후, 페니실린은 수많은 사람들의 생명을 구했다. 그러나, 그 발견은 우연한 행운에서 나온 것이다. 페니실린을 발견한 알렉산더 플레밍은 박테리아를 사멸하는 방법을 찾고 있었다. 그러기 위해, 그는 실험용 접시 위에 박테리아를 배양하고 있었다. 1928년 어느 휴일을 맞아 나가기 전에, 플레밍은 두 가지 실수를 저질렀다. 그는 배양 접시들을 소독하지 않았고 실험실의 창문을 열어 둔 채 떠났다. 휴일이 끝나고 돌아왔을 때, 플레밍은 일부 배양 접시가 곰팡이로 엉망이 되었지만 다른 접시들은 정상적인 것을 알게 되었다. 접시들을 세척하려고 할 때, 플레밍은 이상한 점을 발견했다. 곰팡이가 자란 접시들에 아무것도 없는 점들이 있었다. 그 곰팡이가 플레밍이 배양하고 있던 박테리아를 죽였던 것이다! 플레밍은 이 현상이 중요하다는 점을 깨달았고, 그래서 그 접시들에 분류 표시를 하고 그대로 두었다.

C 그러나, 플레밍은 그 곰팡이로 의약품을 개발하는 데 성공하지는 못했다. 그 곰팡이를 페니실린으로 바꾸는 데 성공한 것은 하워드 플로리와 언스트 체인이었다. 그러나, 사람들은 항상 알렉산더 플레밍을 페니실린의 발견자로 기억할 것이다.

0 단락 관계 파악

이 글은 **A**에서 과학적 발견과 발명의 우연성에 대한 글쓴이의 판단과 견해를 먼저 제시한 뒤, **B**에서 실수로 인해 곰팡이를 발견한 플레밍의 사례로 뒷받침하는 근거를 들고, **C**에서는 페니실린과 플레밍에 대해 부연 설명하는 구조로 되어 있다.

1 주어진 문장 넣기

> 그는 배양 접시들을 소독하지 않았고 실험실의 창문을 열어 둔 채 떠났다.

주어진 문장은 플레밍이 실수한 내용을 서술한 것이기 때문에, 그가 실수했다고 언급한 문장 뒤와 실수로 인한 결과 앞에 오는 것이 자연스럽다. 따라서, 두 가지 실수를 저질렀다는 내용과 일부 배양 접시가 곰팡이로 엉망이 되었다는 내용 사이인 ①에 들어가는 것이 가장 적절하다.

2 구체적 사례 파악

something extraordinary(이상한 점)의 구체적인 내용은 바로 뒤의 문장들에 설명되어 있다. 즉, 곰팡이가 자란 접시 일부에서 배양하던 박테리아가 없어졌다는 점이 플레밍에게는 이상했던 것이므로 정답은 ④이다.

3 제목 파악

A에서 실수나 요행에서 과학적 발견이나 발명이 나올 수 있다고 주장한 다음, **B**에서 그 주장을 뒷받침하는 근거로 페니실린 발견의 사례를 소개하고 있다. 많은 생명을 구한 페니실린이 플레밍의 실수로부터 발견되었다는 내용이므로, ② '생명을 구한 실수'가 제목으로 가장 적절하다.

① 페니실린의 효과
③ 실수의 필요성
④ 의약품 개발의 어려움

4 부분 부정과 전체 부정

> (1) 모든 과학적 발견이나 발명이 과학 연구자들의 원래 계획에서 나오는 것은 아니다.
> (2) 모든 과학적 발명이나 발명은 과학 연구자들의 원래 계획에서 나오지 않는다.

(1) all, every, both 같은 전체를 나타내는 표현 앞에 부정어 not이 붙으면 부분 부정의 표현이 된다. '모두 ~ 것은 아니다(일부는 그렇고 일부는 안 그렇다)'라는 의미로, 예외가 있는 상황을 가리킨다.
(2) 「none of+명사」 형태가 주어로 쓰이면 완전 부정의 표현이 된다. '모두(아무도, 아무것도) ~ 않다'라는 의미로, 예외가 없는 상황

을 가리킨다.

5 구체적 사례 파악

> ⓐ 박테리아를 사멸시키는 방법 찾기
> ⓑ 박테리아 배양하기
> ⓒ 박테리아를 죽이는 곰팡이 발견하기
> ⓓ 곰팡이로 의약품 개발하기

the original plan(원래의 계획)은 플레밍의 박테리아 관련 실험의 원래 목적과 의도를 말한다. **B**에서 플레밍의 이 실험과 관련된 실수가 언급되기 전 상황에서 그의 원래 계획을 파악할 수 있다. 세 번째, 네 번째 문장을 통해 박테리아를 사멸하는 방법을 찾기 위해 실험실에서 박테리아를 배양하고 있었음을 알 수 있다.

어휘·구문

A

- scientific 과학의, 과학적인 · discovery 발견, 발견물
- original 원래의, 처음의 · sheer 순수한, 순전한
- penicillin 페니실린(항생제)

B

- stroke 우연한 발생 · destroy 파괴하다, 사멸하다
- bacteria 박테리아 · laboratory 실험실, 연구소
- ruin 망치다, 못쓰게 하다 · fungus 균류, 곰팡이
- normal 정상의, 보통의 · be about to 막 ~하려고 하다
- extraordinary 이상한, 특별한 · label 분류 표시를 하다
- Fleming noticed [that **some** of his plates were ruined with a fungus, while **others** were normal].: [ ]는 noticed의 목적어 역할을 하는 명사절이다. 다수 중 '일부는 ~, 나머지는 ...'은 「some ~ others ....」로 표현한다.
- He **was about to** wash his plates when he found **something extraordinary**.: 「be about to+동사원형」 구문은 '막 ~하려는 참이다'라는 의미이다. -thing, -body, -one 등으로 끝나는 대명사는 형용사가 뒤에서 수식한다.

C

- succeed 성공하다 · develop 개발하다
- medicine 약, 의약품

왜 구조로 썼을까?

⑤

A Suspense takes up a great share of our interest in life. A play or a novel is often robbed of much of its interest if you know the plot ① beforehand. We like to keep guessing as to the outcome.

B The circus acrobat employs this principle when he achieves a feat after purposely ② failing to perform it several times. Even the deliberate manner in which he arranges the opening scene ③ increases our expectation. In the last act of a play, a little circus dog balances a ball on its nose. One night when the dog ④ hesitated and worked with a long time before he would perform his feat, he got a lot more applause than when he did his trick at once. We not only like to wait, feeling ❺ relieved (→ nervous), but we appreciate what we wait for.

이 글의 구조와 요약

판단	A	긴장감이 인생에서 흥미의 많은 부분을 차지한다는 의견 - 우리는 결과를 계속 추측하고 싶어 함
근거 (사례)	B	같은 원리를 적용하는 서커스 곡예 사례 - 여러 번 실패 후 성공하는 묘기 - 머뭇거리다 오래 부리는 재주

전문해석

A 긴장감은 인생에서 흥미의 아주 많은 부분을 차지한다. 만일 우리가 연극이나 소설의 줄거리를 미리 안다면 흥미의 많은 부분을 종종 잃게 된다. 우리는 결과에 관해서 계속해서 추측하고 싶어 한다.

B 서커스 곡예사는 이 원리를 적용하는데 여러 번 고의로 실패한 후에 자신의 묘기를 성공시킬 때이다. 심지어 그가 앞선 연기에서 했었던 그러한 고의적인 태도조차도 우리의 기대를 증가시킨다. 공연의 마지막 장면에서, 작은 서커스 개는 코로 공의 균형을 잡는다. 그 개는 한 번에 기술을 보여 주었을 때보다 머뭇거리다가 오랜 시간을 들여서 자신의 재주를 부린 어느 밤에 훨씬 더 많은 박수갈채를 받았다. 우리는 편안한(→ 긴장된) 마음으로 기다리기를 좋아할 뿐만 아니라 우리가 기다린 것의 진가를 인정할 줄도 안다.

어휘 적절성 판단 ▶ 글의 주제를 파악했는가?

A 긴장감이 인생에서 흥미의 아주 많은 부분을 차지한다는 게 글쓴이의 판단이며 이 글의 주제다. 줄거리를 미리 알면 흥미를 잃게 된다면서 결과를 추측하고 싶어 하는 사람들의 마음을 긴장감이라고 설명하고 있다. 더 구체적인 근거를 들어 설명할 거라는 짐작을 해 볼 수 있다.

B 구체적인 예로 서커스의 곡예 사례를 들고 있다. 계획되거나 의도된 긴장감을 관객들이 즐긴다는 내용을 말하면서 글쓴이가 자신의 의견을 뒷받침하고 있다.

따라서 긴장감의 특징인 '흥미를 위해 긴장감을 의도적으로 만드는 것'과 상관없는 단어를 판단할 수 있어야 한다.

① beforehand 미리
연극과 소설의 줄거리를 미리 안다면 흥미를 잃게 될 것이므로 beforehand는 알맞다.

② failing 실패하는
여러 번 실패 후 성공했을 때 성공의 가치를 더 인정받을 수 있다는 내용이다. 이러한 원칙을 적용하여 곡예사가 고의로 실패를 한 후에 자신의 묘기를 성공시킨다는 맥락이므로 failing은 자연스럽다.

③ increases 증가하다
고의적인 실패조차도 성공에 대한 기대를 증가시킨다는 내용이다. 따라서 increases의 쓰임은 알맞다.

④ hesitated 머뭇거렸다
앞의 문장과 같은 내용으로 개 역시 묘기를 한 번에 성공하는 것보다 시간이 지나 성공했을 때 더 많은 호응을 받았다는 내용이 자연스럽다.

❺ relieved 편안한 → nervous 긴장된
글쓴이가 판단을 뒷받침하는 내용이어야 한다. 개가 공연에 성공하기 전까지 관객들이 편안한 마음이 아니라, 조마조마한 긴장된 마음으로 기다리면서 그 재미를 기대하는 것이 맥락상 알맞다.

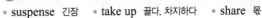

A
- suspense 긴장 • take up 끌다, 차지하다 • share 몫
- rob A of B A에게서 B를 강탈하다 • plot 줄거리, 구성
- beforehand 미리, 사전에 • as to ~에 관해
- outcome 결과

B
- acrobat 곡예사 • employ 적용하다
- feat 묘기, 재주 • purposely 일부러, 고의로
- perform 행하다, 수행하다 • several times 여러 번
- deliberate 고의적인, 의도적인 • manner 태도, 방식
- expectation 기대하는 것 • hesitate 머뭇거리다
- applause 박수갈채 • appreciate 진가를 인정하다

- Even **the deliberate manner** [in which he arranges the opening scene] **increases** our expectation.:
  주어 the deliberate manner가 관계사절 [ ]의 수식을 받고 있으며 동사는 increases다.
- One night [when the dog hesitated and worked with a long time {before he would perform his feat}], he got a lot more applause than when he did his trick at once.:
  [ ]은 One night를 구체적으로 설명하는 관계부사절이며, 그 안에 before로 시작하는 시간 부사절 { }이 포함되어 있다.

1

0 ③, lesson

1 remember 또는 not forget   **2** ③   **3** ③   **4** ④   **5** have achieved

---

A The Holocaust refers to the mass murder that happened from 1933 to 1945. During this time, Jews in Europe suffered terribly. Six million Jews were killed, and one-fourth of them were children. As approximately 9 million Jews lived in Europe before the Holocaust, two-thirds of the whole Jewish population in Europe were killed by the Nazis. It is one of the largest mass murders in history.

B However, what makes it more meaningful today is the effort to <u>remember [not forget]</u> it. There are numerous Holocaust memorials and museums throughout the world. They have been built to preserve the memory of the dead and to provide historical knowledge to people of today. Also, many institutions around the world are teaching the Holocaust to the new generations. These are parts of the effort to learn from history.

C History will repeat itself if we should forget its lesson. Another holocaust could happen if we close our eyes to the tragedy of the Holocaust. Think of those millions of lives who could have lived happily if they <u>had not been killed</u>. Many of them could have made great contributions to humankind!

이 글의 구조와 요약

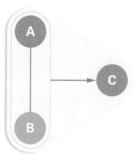

구체 (사례)	A	홀로코스트 – 유대인을 대량 학살한 비극적인 역사
	B	홀로코스트 기념관과 박물관의 의미 – 과거를 잊지 않으려는 오늘날의 노력
일반 (주제)	C	역사에서 교훈 배우기 (learning a <u>lesson</u> from history) – 교훈을 잊으면 역사는 반복됨

전문해석

A 홀로코스트는 1933년부터 1945년 사이에 있었던 대량 학살을 말한다. 이 시기에, 유럽 유대인들은 끔찍한 고통을 겪었다. 6백만 명의 유대인들이 죽었으며, 그중 4분의 1이 어린이들이었다. 홀로코스트 이전에는 거의 9백만 명의 유대인들이 유럽에 살고 있었기 때문에, 유럽에 사는 전 유대인 인구의 3분의 2가 나치에 의해 죽임을 당했다. 그것은 역사상 가장 큰 대량 학살 중 하나이다.

B 하지만, 오늘날 그것을 더 의미 있게 만드는 것은 그것을 기억하려는[잊지 않으려는] 노력이다. 전 세계에는 수많은 홀로코스트 기념관과 박물관이 있다. 그것들은 죽은 사람들을 기억하고 오늘날의 사람들에게 역사적 지식을 제공하기 위해 지어졌다. 또한, 세계의 많은 단체에서 새로운 세대에게 홀로코스트를 가르치고 있다. 이런 것들이 역사로부터 배우려는 노력의 일부인 것이다.

C 우리가 역사의 교훈을 잊는다면 역사는 반복될 것이다. 우리가 홀로코스트의 비극에 눈을 감는다면 또 다른 홀로코스트가 일어날 수 있다. 죽임을 당하지 않았더라면 행복하게 살 수 있었던 그 수백만 명의 목숨을 생각해보라. 그들 중 많은 이들이 인류에 크게 공헌할 수 있었을 것이다!

0 일반적 진술(주제) 파악

이 글은 **A**에서 홀로코스트라는 비극적인 역사에 대해 자세히 설명하고, **B**에서 그 역사를 잊지 않으려는 오늘날의 노력들이 유의미함을 언급한 뒤, 마지막 **C**에서 역사에의 교훈을 잊지 말자는 이 글의 주제를 드러내고 있다. 즉, **C**의 첫 문장인 ⓒ에 글쓴이가 말하고자 하는 바가 잘 드러나 있으며, 이를 통해 글의 주제인 역사에서 교훈(lesson) 배우기도 확인할 수 있다.

1 빈칸 추론

홀로코스트 기념관과 박물관을 건립하고 새로운 세대에게 홀로코스트에 대해 가르치는 행동은 비극적인 역사를 기억하거나 잊지 않음으로써 역사로부터 배우려는 노력의 일환임을 알 수 있다. 따라서 **B** 빈칸에는 remember 또는 not forget이 들어가는 것이 가장 적절하다.

2 내용 불일치

B에 홀로코스트 기념관과 박물관을 건립한 목적이 언급되어 있다. 피해자들에 대한 보상에 대해서는 언급되어 있지 않으므로 정답은 ③이다.

3 요지 파악(격언)

비극적인 역사를 기억하고 배워야 하는 것은 그러한 역사를 반복하지 않기 위해서이다. 이러한 글의 내용과 맥락을 같이하는 격언은 ③ '과거를 기억하지 못하는 이들은 그 과거를 반복하게 되어 있다. – 조지 산타야냐'이다.
① 어려움은 역사가 결코 받아들이지 않는 변명이다. – 에드워드 R. 머로우
② 역사는 사람들이 동의하기로 결정한 과거 사건들의 버전이다. – 나폴레옹 보나파르트
④ 역사는 당신이 역사를 살아가는 동안에는 역사처럼 보이지 않는다. – 존 W. 가드너

4 가정법 과거완료

가정법 과거완료가 쓰인 문장으로, 과거에 있었던 일을 반대로 상상해 봄으로써 과거 일에 대한 후회와 아쉬움을 표현한다. '그들이 죽임을 당하지 않았더라면'의 의미가 되어야 하므로 if절에는 과거완료 시제가 와야 한다. 따라서 ④가 들어갈 말로 적절하다.

5 Without 가정법

> 노벨상을 수상한 생물학자 피터 메더워는 그의 삶의 약 5분의 4를 과학에 소비했다고 말했고, 슬프게도 "거의 모든 과학 연구는 성공적인 결과로 이끌지 못했다"고 덧붙였다. 상황이 좋지 않을 때 이들 모두를 지속하게 한 것은 그들의 주제에 대한 열정이었다. 그런 열정이 없었다면, 그들은 아무것도 이루지 못했을 것이다.

Without은 '만약 ~이 없다면, ~이 없었더라면'이라는 의미로, 가정법 과거에서는 If it were not for로, 가정법 과거완료에서는 If it had not been for로 바꾸어 쓸 수 있다. 제시된 글은 과거 사실에 관한 내용이고, 과거를 반대로 가정하는 의미로 문장을 완성해야 하므로, have achieved가 들어가야 한다. 이 문장은 가정법 과거완료인 If it had not been for such passion, they would have achieved nothing.으로 바꾸어 쓸 수 있다.

어휘·구문

A

- refer 언급하다, 지칭하다 • the mass murder 대량 학살
- Jews 유대인 • suffer 겪다, 당하다
- approximately 거의, ~ 가까이
- As approximately 9 million Jews lived in Europe before the Holocaust, two-thirds of the whole Jewish population in Europe **were** killed by the Nazis.:
「부분 표현+of+단수 명사+단수 동사」, 「부분 표현+of+복수 명사+복수 동사」로 표현한다. 여기서는 the whole Jewish population은 복수 취급하므로 복수 동사 were가 쓰였다.
- It is **one of the largest mass murders** in history.:
「one of the+최상급+복수 명사」는 '가장 ~한 것 중의 하나'라는 의미이다.

B

- meaningful 의미 있는, 뜻있는 • effort 노력
- numerous 다수의, 수많은 • memorial 기념관, 기념물; 기념의
- preserve 보존하다, 지키다 • institution 단체, 학회, (공공) 기관

C

- tragedy 비극 • contribution 공헌, 기여
- make a contribution to ~에 기여하다 • humankind 인류, 인간

2 0 Ⓐ ⓑ Ⓑ ⓓ Ⓒ ⓒ Ⓓ ⓐ
1 ③   2 ①   3 ③   4 ③   5 ②

Ⓐ In the past, New York City subways were dangerous. They were filthy, outdated, and poorly maintained, and New Yorkers feared that they would be a target of crime. Train cars and the subway stations were also covered with graffiti.

Ⓑ In the 1980s, New York City began to clean up its subway stations and subway cars. Day after day, the city cleaned up graffiti, yet new graffiti appeared overnight. However, the city did not give in, and continued its cleanup efforts. ① What was the outcome of the cleanup? The graffiti gradually disappeared, and the crime rate in New York subways also dropped by 75%.

Ⓒ This was a classic example of the "broken windows theory." According to the theory, small signs of disorder—graffiti, dirty streets, or broken windows—lead to more serious disorders, such as murder, robbery, or drug-related crime. New York police realized that stopping small crimes helped prevent bigger crimes, so they began to enforce tough laws against petty crimes.

Ⓓ This significantly decreased the city's crime rate. Reducing crime using the "broken windows theory" resulted in quick change with minimal cost. Now, many cities in America follow New York City's example to protect their citizens.

이 글의 구조와 요약

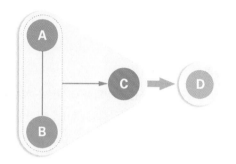

구체 (문제 해결 사례)	A	What was the problem? (무엇이 문제였는가?) – 낙서로 뒤덮여 지저분하고 허술한 관리로 이용하기 위험했던 뉴욕시 지하철
	B	What action was taken to solve the problem? (문제 해결을 위해 어떤 행동을 취했는가?) – 계속 낙서를 제거하자 범죄율도 감소함
일반 (이론)	C	What was the basis of the action? (그 행동의 근거는 무엇이었는가?) – 무질서의 작은 징후가 더 심각한 범죄로 이어진다는 '깨진 창문 이론'
결론	D	What was the outcome? (그 결과는 무엇이었는가?) – 다른 도시에서도 뉴욕시의 사례를 적용함

전문해석

Ⓐ 과거에, 뉴욕시 지하철은 위험했다. 더럽고 구식이며 관리가 허술했고, 뉴욕 시민들은 그들이 범죄의 대상이 될까 봐 우려했다. 기차와 지하철역도 낙서로 뒤덮여 있었다.

Ⓑ 1980년대에, 뉴욕시는 지하철역과 지하철 차량을 청소하기 시작했다. 매일 낙서를 청소했으나, 하룻밤 사이 새로운 낙서가 생겨났다. 하지만, 시는 포기하지 않았고, 정화 작업에 대한 노력을 계속했다. 정화 작업의 결과는 어땠을까? 낙서는 점차 사라졌고 뉴욕 지하철의 범죄율도 75퍼센트 감소했다.

Ⓒ 이것은 '깨진 창문 이론'의 전형적인 사례였다. 이 이론에 따르면,

낙서, 더러운 거리, 또는 깨진 창문과 같은 무질서의 작은 징후들은 살인, 강도, 또는 마약 관련 범죄와 같은 더 심각한 무질서로 이어진다. 뉴욕 경찰은 작은 범죄를 막는 것이 더 큰 범죄를 예방하는 데 도움이 된다는 것을 깨달았고, 그래서 그들은 사소한 범죄에 대한 엄한 법을 시행하기 시작했다.

Ⓓ 이것은 그 시의 범죄율을 현저히 감소시켰다. '깨진 창문 이론'을 사용하여 범죄를 줄이는 것은 최소한의 비용으로 빠른 변화라는 결과를 낳았다. 이제, 미국의 많은 시에서 그들의 시민들을 보호하기 위해 뉴욕시의 사례를 따르고 있다.

1 단락 관계 파악

이 글은 **A**와 **B**에서 뉴욕시 지하철역의 문제(범죄 우려)를 어떻게 해결(감소)했는지를 구체적 사례로 보여준 뒤, **C**에서는 해당 사례를 일반화한 이론이 무엇인지 설명하고 있다. **D**는 그 이론을 적용한 결과를 언급하며 결론을 내리는 구조를 보이고 있다.

2 주어진 문장 넣기

> 정화 작업의 결과는 어땠을까?

주어진 문장의 the cleanup은 **B**의 세 번째 문장 However, ~ its cleanup efforts.의 cleanup efforts를 가리킨다. 그리고 바로 뒤에 낙서가 점차 사라지고 범죄율도 감소했다는 결과가 이어지므로, 주어진 문장은 ①에 들어가는 것이 가장 적절하다.

3 내용 일치

뉴욕시의 범죄율이 크게 감소한 이유, 즉 치안이 크게 향상된 이유는 **C**의 마지막 문장 New York police ~ petty crimes.와 **D**에 잘 나타나 있다. 즉, 사소한 범죄에 대해 엄한 벌을 시행함으로써 범죄율이 크게 감소했음을 알 수 있다.

4 단어 관계

①, ②, ④는 비슷한 의미로 짝지어진 반면, ③은 반대 의미의 단어들이다.
① 아주 더러운 : 더러운
② 강경한 : 엄한, 엄격한
③ 사소한 : 심각한
④ 전형적인 : 전형적인

5 문맥 추론

> 이것은 '깨진 창문 이론'의 전형적인 사례였다. 이 이론에 따르면, 낙서, 더러운 거리, 또는 깨진 창문과 같은 무질서의 작은 징후들은 살인, 강도, 또는 마약 관련 범죄와 같은 더 심각한 무질서라는 결과를 낳았다.

작은 범죄가 큰 범죄로 이어지는 결과를 낳았다는 의미이므로 빈칸에는 ② '~의 결과를 낳다, 이어지다'가 들어가는 것이 가장 적절하다.
① ~에 의존하다
③ ~을 상징하다, 대표하다
④ ~으로 시작하다

어휘·구문

A
• filthy 아주 더러운   • outdated 구식인
• poorly 좋지 못하게, 형편없이   • maintain 유지하다
• fear (~일까 봐) 우려하다, 염려하다   • crime 범죄
• graffiti (공공장소에 하는) 낙서
• Train cars and the subway stations **were** also **covered with** graffiti.:
be covered with는 '~로 덮이다'라는 의미로 by 이외의 전치사를 수반하는 수동태 구문이다.
ex. be accused of '~로 기소되다'
be tired of '~에 신물 나다'
be equipped with '~을 갖추고 있다'
be made of/from '~로 만들어지다'
be known by/to/for/as '~에 의해/에게/로/로서 알려지다'

B
• appear 나타나다(↔ disappear)
• continue 계속하다   • cleanup (도시 등의) 정화 (작업)
• outcome 결과; 성과   • gradually 점차, 서서히
• rate 비율

C
• disorder 무질서, 혼돈   • murder 살인
• robbery 강도, 약탈   • enforce (법률 등을) 시행하다
• tough law 엄한 법, 엄벌   • petty 사소한

D
• significantly 상당히, 크게   • reduce 줄이다
• result in ~의 결과를 낳다   • minimal 최소의
• cost 비용, 지출, 경비   • protect 보호하다

• [Reducing crime using the "broken windows theory"] **resulted in** quick change with minimal cost.:
동명사구 [ ]이 문장의 주어이며 resulted in이 동사이다. result in은 '~의 결과를 낳다'라는 의미로 「원인＋result in＋결과」 형식으로 쓰며, '~에 기인하다'는 result from을 이용해 「결과＋result from＋원인」 형식으로 쓴다.

3 **0** Ⓐ ⓓ Ⓑ ⓑ Ⓒ ⓐ Ⓓ ⓒ

1 ④   **2** ③   **3** ④   **4** ③   **5** (1) brand-new (2) out-of-work (3) Salt-and-pepper

(4) out-of-date   **6** (1) Invited (2) Wanting (3) do (4) is

Ⓐ Pluto was discovered by Clyde Tombaugh. Tombaugh was not a trained scientist. In fact, he started life as a farmer, and made his own telescopes using scraps from agricultural equipment. In his early 20s, he contacted the Lowell Observatory to ask for feedback on his work. The observatory was so impressed with his drawings of Mars and Jupiter that it offered to hire him. Working as an assistant, he discovered Pluto and <u>its</u> moon Charon in 1930.

Ⓑ Eighty years after <u>its</u> discovery, we finally have an up-close view of Pluto. Launched in 2006, NASA's space probe "New Horizons" has sent us a photo which clearly shows a heart-shaped region of Pluto, named "Tombaugh Regio" after <u>its</u> discoverer.

Ⓒ Inside the space probe was placed a small container holding Tombaugh's ashes, in honor of Tombaugh's last wishes to have his ashes sent to Pluto. ⓓ <u>Its</u> cargo also carried a coin. In Greek mythology, Pluto is the god of the underworld, and Charon is the old man who helps the dead cross the river Styx. ③ <u>To safely reach the underworld, the dead must pay Charon.</u> Scientists at NASA added a quarter to wish Tombaugh a safe journey to the underworld.

Ⓓ A speck of light, first discovered by a farmer-turned-scientist, is now better defined and better understood thanks to state-of-the-art technology. Now, New Horizons is on a new mission to another unknown region, the Kuiper Belt.

이 글의 구조와 요약

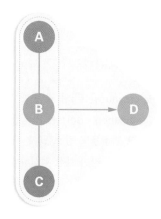

구체 (사례)	A	명왕성을 발견한 과학자 – 클라이드 톰보가 명왕성과 위성 카론을 최초로 발견함
	B	탐사선이 명왕성에서 전송해 온 사진 – 하트 모양 지역이 선명하게 보이는 명왕성의 모습
	C	탐사선으로 명왕성에 보낸 화물 – 톰보의 유골과 동전 – 톰보의 유언과 카론과 관련된 신화
일반	D	탐사선의 역할과 새로운 임무 – 한 점의 빛(명왕성)을 선명하게 볼 수 있게 해 줌 – 새로운 지역으로 임무 수행 중

전문해석

Ⓐ 명왕성은 클라이드 톰보에 의해 발견되었다. 톰보는 숙련된 과학자가 아니었다. 사실, 그는 농부로 살았고, 농기구의 폐품을 이용해서 자신만의 망원경을 만들었다. 20대 초반에, 그는 로웰 천문대에 연락하여 자신의 연구에 대한 의견을 구했다. 그 천문대는 그의 화성과 목성 그림에 매우 감명받아 그를 고용하겠다고 제안했다. 보조원으로 일하면서, 그는 1930년에 명왕성과 그것(명왕성)의 위성 카론을 발견했다.

Ⓑ 그것(명왕성)이 발견된 지 80년이 지난 후, 우리는 마침내 명왕성을 아주 가까이에서 볼 수 있게 되었다. 2006년 발사된 나사의 우주탐사선 '뉴호라이즌스'는 명왕성의 하트 모양 지역을 선명하게 보여주는 사진을 전송해 왔고, 그것(명왕성)의 발견자 이름을 딴 '톰보 레지오'라는 명칭이 붙여졌다.

Ⓒ 우주탐사선 안에는 자신의 유골이 명왕성으로 보내지기를 바라는 톰보의 마지막 소원을 기리기 위해 톰보의 유골이 담긴 작은 용기가 놓였다. 그것(우주탐사선)의 화물(유골함)은 동전도 실어 날랐다. 그리스 신화에서, 명왕성은 저승의 신이고, 카론은 죽은 자들이 스틱스 강을 건너도록 돕는 노인이다. 저승에 안전하게 도착하기 위해서는, 죽은 자들이 카론에게 돈을 내야 한다. 나사의 과학자들은 톰보가 저승으로 안전하게 여행하기를 기원하며 25센트짜리 동전을 넣었다.

Ⓓ 농부 출신의 과학자에 의해 처음 발견된 한 점의 빛은 최첨단 기술 덕분에 이제 윤곽이 더 분명해지고 더 잘 이해된다. 현재, 뉴호라이즌스는 또 다른 미지의 지역인 카이퍼 벨트로의 새로운 임무를 수행하고 있다.

0 단락 관계 파악

이 글은 A에서 명왕성을 발견한 인물에 대해, B에서 명왕성 모습이 담긴 사진에 대해, C에서는 탐험선에 실린 화물과 관련 신화에 대해 각각 구체적으로 설명하고 있다. 그리고 D에서는 한 점의 빛이었던 명왕성이 어떻게 더 잘 알게 되었는지 언급하며, 탐험선의 역할로 결론을 내리는 구조이다.

1 지칭 추론

ⓐ, ⓑ, ⓒ는 '명왕성(Pluto)'을 가리키고, ⓓ는 '우주탐사선(the space probe)'을 가리킨다.

2 주어진 문장 넣기

> 저승에 안전하게 도착하기 위해서는, 죽은 자들이 카론에게 돈을 내야 한다.

주어진 문장은 죽은 자가 카론에게 줄 돈이 필요하다는 내용이므로, 그리스 신화에 나온 카론의 역할을 언급한 내용과 나사의 과학자들이 톰보를 위해 동전을 넣었다는 내용 사이인 ③에 들어가는 것이 가장 적절하다.

3 내용 일치

C의 첫 번째 문장 Tombaugh's last wishes to have his ashes sent to Pluto에 톰보의 유언이 나타나 있으므로 ④가 글의 내용과 일치한다.

4 목적 파악

명왕성을 최초 발견한 클라이드 톰보를 소개하고, 탐사선이 전송해 온 사진으로 선명하게 볼 수 있는 명왕성 모습을, 탐사선이 명왕성에 보낸 화물에 관한 내용과 그와 관련된 신화를 차례대로 서술하고 있다. 마지막으로 최첨단 기술(탐사선) 덕분에 명왕성을 더 잘 이해할 수 있게 되었고, 탐사선은 새로운 임무를 진행하고 있음을 전하며 마무리하고 있다. 따라서 글의 목적으로 ③이 가장 적절하다.

5 문맥 추론

시간제인	건별의	최신의	구식인
희끗희끗한	실직한	새로운	

(1) 나는 중고차를 <u>새</u> 차로 바꾸었다.
(2) 그는 <u>실직한</u> 배우이다. 그는 연기할 기회를 찾을 수가 없다.
(3) <u>희끗희끗한</u> 머리카락은 노화 과정의 자연스러운 부분이다.
(4) 그것은 <u>구식</u> 안내서이다. 그 정보는 오래된 것이다.

6 분사구문/도치

(1) 저녁 파티에 초대받아서, 우리는 초대해 준 주인들을 우리 파티에 초대해야 한다는 압박을 느낀다.
→ 주절의 주어인 우리(we)가 파티에 초대받은 것(수동 관계)이므로 과거분사 Invited를 써야 한다.
(2) 그를 존경하는 것은 물론이고 기념하고 싶어서, 마을 사람들은 연회를 준비했다.
→ 마을 사람들(the villagers)이 그를 존경하고 기념하고 싶어 하는 것(능동 관계)이므로 현재분사 Wanting을 써야 한다.
(3) 이미지를 형성하는 물리적 현상 측면에서만 볼 때, 눈과 카메라는 공통점이 있다.
→ 부사구가 강조되어 주어, 동사의 순서가 바뀐 도치구문이다. 이때 일반동사는 do나 does를 주어 앞으로 대신 보낸다. 문장의 주어가 the eye and camera로 복수형이므로 do를 써야 한다.
(4) 훈련된 무능의 근원은 바로 변화가 거의 없고 반복적인 일을 하는 직업이다.
→ 전치사구가 강조된 도치구문이다. 문장의 주어가 a job으로 단수형이므로 is를 써야 한다.

어휘·구문

A
- Pluto 명왕성 • trained 숙련된 • telescope 망원경
- scrap 조각, 폐품 • agricultural 농업의 • equipment 기구, 장비
- observatory 천문대; 전망대 • impressed 감명받은
- hire 고용하다 • assistant 조수, 보조원 • moon (행성의) 위성, 달
- "New Horizons" has sent us a photo [which clearly shows *a heart-shaped region of Pluto* {**named** "Tombaugh Regio" **after** its discoverer}].:
  [ ]는 선행사 a photo를 수식하는 관계대명사절이고, { }는 a ~ Pluto를 수식하는 과거분사구이다. 「name A after B」는 'B를 따라 A라고 이름 붙이다'는 의미이다.

B
- up-close 가까이에서 • launch 발사하다
- space probe 우주탐사선

C
- container 용기 • ash (화장한) 유골, 유해 • cargo 화물, 짐
- mythology 신화 • underworld 저승, 지하계

D
- define 윤곽을 분명히 나타내다 • thanks to 덕분에
- state-of-the-art 최첨단의, 최신의 • mission 임무

4

0 **A** ⓒ **B** Claude came / ⓓ **C** Claude asked / ⓑ **D** The case / ⓐ
1 ③   **2** ③   **3** ③   **4** ④ Q 획득하다 / 입수하다 / 구매하다 / 얻다
5 (1) hardly (2) hardly

A Claude Cassirer could hardly believe his eyes as he stared at a photo of Camille Pissarro's "A Rainy Afternoon in Paris." The picture which hung in a Spanish museum was taken from his grandmother's house by the Nazis during World War II.

B Claude came from a prosperous Jewish family in Germany. When WW II broke out, persecution of Jews began, and Claude's grandparents applied for an exit visa. The Nazis told them that they could leave Germany, but they could not take the painting with them. If they refused, they would end up in a concentration camp. ③ His family left Germany without the picture, and it was considered lost forever. Since then the picture changed hands at least five times traveling through three countries.

C Claude asked the museum to return the painting. But the museum refused, so he sued for its return. Cassirer said, "The picture is a stolen property. It should be returned to its rightful owner." However, the museum said that it had obtained the picture legally and that it had no reason to return the picture.

D The case is still undecided. Many works of art such as this Pissarro painting still have not been returned to their original owners. Cases like this masterpiece are forcing us to reevaluate the issue of property, law, and morality.

이 글의 구조와 요약

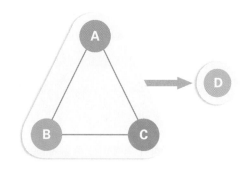

구체 (사건 ↓ 사건의 배경 ↓ 전개)	A	클로드의 발견 – 과거에 나치에게 빼앗겼던 그림이 박물관에 전시된 것을 발견
	B	클로드 조부모의 과거 상황 – 제2차 대전 중, 독일 출국을 위해 그림을 포기할 수밖에 없었던 클로드의 조부모
	C	클로드의 요청 – 박물관에 그림 반환을 요청했으나 거절되어 소송을 제기함
일반 (결론)	D	남겨진 과제 – 이와 유사한 사례가 많으며, 소유권, 법적 효력, 윤리 문제에 대한 재고려가 요구됨

전문해석

A 클로드 카시러는 '파리의 비 오는 오후'라는 카미유 피사로의 작품 사진을 응시하며 그의 눈을 거의 믿을 수 없었다. 스페인 박물관에 걸린 그 그림은 제2차 세계대전 중 나치에 의해 그의 할머니 집에서 빼앗겼다.

B 클로드는 독일의 부유한 유대인 가정에서 태어났다. 제2차 세계대전이 발발하자 유대인에 대한 박해가 시작되었고, 클로드의 조부모는 출국 비자를 신청했다. 나치는 그들에게 그들이 독일을 떠날 수는 있지만, 그 그림을 가지고 갈 수는 없다고 말했다. 만약 그들(조부모)이 거절한다면, 그들은 결국 강제 수용소에 가게 될 것이었다. 그의 가족은 그 그림을 두고 독일을 떠났고, 그 그림은 영원히 잃어버린 것으로 여겨졌다. 그 이후로 그 그림은 세 개 나라를 거치면서 적어도 다섯 번은 주인이 바뀌었다.

C 클로드는 박물관에 그 그림을 돌려달라고 요청했다. 그러나 박물관이 거절하자, 그는 그림 반환에 대한 소송을 제기했다. 카시러는 "이 그림은 훔친 재산입니다. 그것은 제주인에게 반환되어야 합니다."라고 말했다. 그러나 박물관 측은 합법적으로 그 그림을 입수했고 그것을 반환할 이유가 없다고 말했다.

D 그 소송은 아직 미해결 상태이다. 이 피사로 그림처럼 많은 예술 작품들이 여전히 원래 주인에게 돌아가지 못하고 있다. 이런 명작과 같은 사례들은 우리에게 소유권, 법적 효력, 윤리 문제를 다시 고려하게 한다.

0 단락 관계 파악

이 글은 **A**는 현재 발생한 사건, **B**는 그 사건이 일어나게 된 과거 배경, **C**는 사건이 일어난 후 전개 상황을 보여준 뒤, **D**에서 이 사건을 통해 우리가 고려해야 할 어떤 문제가 있는지 글쓴이의 생각을 말하는 구조로 되어 있다.

1 주어진 문장 넣기

> 그의 가족은 그 그림을 두고 독일을 떠났고, 그 그림은 영원히 잃어버린 것으로 여겨졌다.

주어진 문장은 그림을 두고 독일을 떠났다는 내용이므로, 그림을 못 가지고 가게 한 내용과 거절할 수 없었던 이유를 언급한 내용 뒤인 ③에 들어가는 것이 가장 적절하다.

2 내용 일치

피사로의 그림은 나치에게 빼앗긴 뒤 세 개의 나라를 거쳐 최소 다섯 차례 주인이 바뀌었다고 언급되어 있다. 따라서 ③은 글의 내용과 일치한다.
① 클로드 카시러는 부유한 집에서 태어났다.
② 클로드 카시러의 조부모는 독일을 탈출했다.
④ 관련 소송은 아직 진행 중이다.

3 제목 파악

나치에게 강제로 그림의 소유권을 빼앗긴 가족과 합법적으로 그림을 입수한 박물관 측이 법적으로 분쟁 중인 상황을 소개하는 내용의 글이다. 따라서 글의 제목으로 ③ '나치에 의해 약탈된 예술품 소유권을 둘러싼 분쟁'이 가장 적절하다.
① 나치에 의해 약탈된 예술품은 여전히 행방불명
② 나치의 유럽 예술품 약탈 기록
④ 나치가 약탈한 예술품의 원래 주인을 찾기가 그토록 어려운 이유

4 문맥 추론

> 카시러는 "이 그림은 훔친 재산입니다. 그것은 제주인에게 반환되어야 합니다."라고 말했다. 그러나 박물관 측은 합법적으로 그 그림을 입수했고 그것을 반환할 이유가 없다고 말했다.

박물관이 그림을 합법적으로 가지게 되었다는 내용이므로 빈칸에는 소유를 나타내는 동사가 들어가야 한다. 그러나 ④ developed는 '개발했다'는 의미이므로 적절하지 않다.
① 획득했다
② 입수했다
③ 구매했다

5 hard와 hardly

hard는 '단단한, 어려운'이라는 의미의 형용사로 쓰이지만, '열심히, 심하게, 세게'라는 의미의 부사로도 쓴다. hardly는 '거의 ~않다'라는 의미로, 정도나 빈도를 나타내는 부사로 쓰인다. (1)과 (2) 모두 hardly를 써야 문맥에 알맞은 문장을 완성할 수 있다.
(1) 그 나무들은 소음의 양에 있어서는 <u>거의</u> 차이가 <u>없었지만</u>, 고속도로의 시야를 가로막고 있었다.
(2) 나는 그 문제에 대해 대답할 준비가 <u>거의</u> 되어 있지 <u>않고</u>, 심지어 그것에 대한 의견을 말할 준비도 되어 있지 않다.

어휘·구문

A
- hardly 거의 ~ 아니다 • stare 응시하다, 빤히 쳐다보다
- take 빼앗다, 탈취하다

B
- prosperous 성공한, 부유한 • persecution 박해
- exit visa 출국 비자 • end up 결국 ~이 되다
- concentration camp 강제 수용소 • consider 여기다; 숙고하다
- change hands 주인이 바뀌다 • at least 적어도, 최소한
- **If they refused, they would end up in a concentration camp.:**
  「If+주어+과거동사[were] ~, 주어+조동사 과거형+동사원형」 형식의 가정법 과거 구문이다.

C
- refuse 거절하다 • sue 고소하다, 소송을 제기하다
- property 재산, 자산 • rightful 정당한, 적법의
- obtain (노력 끝에) 얻다, 입수하다 • legally 합법적으로
- **However, the museum said [that it had obtained the picture legally] and [that it had no *reason to return* the picture].:**
  두 개의 [ ]가 said의 목적어 역할을 하는 명사절로 병렬구조를 이루고 있다. 두 번째 [ ]에서 to return은 reason을 수식하는 형용사적 용법의 to부정사이다.

D
- masterpiece 명작, 걸작 • force ~을 강요하다, ~하게 만들다
- reevaluate 다시 고려하다, 재평가하다 • morality 도덕성

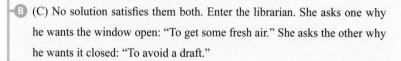
⑤

A
Consider the story of two men quarreling in a library. One wants the window open and the other wants it closed. They argue back and forth about how much to leave it open: a crack, halfway, or three-quarters of the way.

B
(C) No solution satisfies them both. Enter the librarian. She asks one why he wants the window open: "To get some fresh air." She asks the other why he wants it closed: "To avoid a draft."

C
(B) After thinking a minute, she opens wide a window in the next room, bringing in fresh air without a draft.

D
This story is typical of many negotiations. Since the parties' problem appears to be a conflict of positions, they naturally tend to talk about positions—and often reach an impasse. (A) The librarian could not have invented the solution she did if she had focused only on the two men's stated positions of wanting the window open or closed. Instead, she looked to their underlying interests of fresh air and no draft.

*draft: 외풍 *impasse: 막다름

① (A) – (C) – (B)
② (B) – (A) – (C)
③ (B) – (C) – (A)
④ (C) – (A) – (B)
❺ (C) – (B) – (A)

이 글의 구조와 요약

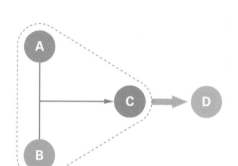

구체 (문제 해결 사례)	A	도서관에서 창문을 열고 닫는 문제로 다투는 사람들
	B	사서의 등장과 각자에게 이유를 묻는 질문
	C	다른 방 창문을 열어 문제 해결
일반 (결론)	D	사례의 의미 확인(협상의 전형) 및 문제 해결의 핵심 이유 설명

전문해석

A 두 남자가 도서관에서 싸우는 이야기를 생각해 보자. 한 명은 창문을 열기를 원하고 다른 한 명은 닫기를 원한다. 그들은 창문을 얼마나(조금, 절반, 또는 4분의 3 정도) 열어 두어야 할지에 대해 주고받는 논쟁을 벌인다.

B (C) 어떤 해결책도 그들 둘을 만족시키지 못한다. 사서를 투입하라. 그녀는 한 명에게 왜 그가 창문을 열기를 원하는지 묻는다: "신선한 공기를 쐬기 위해서." 그녀는 다른 사람에게 왜 그것이 닫히기를 원하냐고 묻는다: "외풍을 피하기 위해서."

C (B) 잠시 생각한 후, 그녀는 옆방의 창문을 활짝 열고, 외풍 없이 신선한 공기를 들여온다.

D 이 이야기는 많은 협상들의 전형이다. 당사자들의 문제가 입장 충돌로 보이기 때문에, 그들은 자연히 입장을 말하는 경향이 있고 종종 막다른 상황에 이른다. (A) 만약 사서가 창문을 열거나 닫기를 원하는 두 남자의 언급된 입장에만 집중했다면 자신이 했던 해결책을 생각해 낼 수 없었을 것이다. 대신, 그녀는 신선한 공기와 외풍이 없다는 그들의 근원적인 이해관계를 살펴보았다.

글의 순서 파악 ▶ 글의 구조를 파악한 뒤 단락의 순서를 재구성할 수 있는가?

A 구체적인 상황으로 시작하는 글이라면 사건의 자연스러운 전개에 중점을 두고 읽어야 한다.

B 다투는 상황에 해결점이 보이지 않자, 제삼자인 사서가 등장하는 내용 (C)는 자연스럽다. 그런데 제시된 단락 (A)와 (B)의 순서를 판단하는 데 있어서 학생들이 어려움을 겪었다. 왜일까?

C 상황의 흐름상 사서가 질문에 대한 답을 듣고 그 상황을 해소할 방법을 제시한 (B)가 이어지는 것이 자연스러운데도 말이다. (B)에서 구체적인 상황과 함께 그것을 일반화한 협상의 전형이라는 내용이 함께 제시되었기 때문이지 않았을까?

D 마지막 단락인 (A)를 구체적인 상황을 언급한 것으로 생각할 수 있지만, 가정법 과거완료를 사용하여 사서가 문제를 해결한 일의 의미를 밝히고 있는 단락이다. 사서가 그런 일을 하지 않았다면 문제가 해결되지 않았을 것이기 때문이다. 그리고 사서가 해결할 수 있었던 이유까지 언급하고 있다.

이 문제는 글의 구조상 다른 역할을 하는 단락을 (B)에서 함께 제시함으로써 학생들이 단락의 순서를 배치하는 데 어려움을 겪은 문제이다. 단순히 대명사나 접속사에 의존해서 글의 순서를 정하면 이처럼 곤란에 처할 수 있다. 글을 구조로 읽어야 하는 이유를 보여준 문제라고 할 수 있다.

어휘 · 구문

- quarrel 다투다, 싸우다   • a crack 조금, 약간
- halfway 중간쯤에

B
- draft 찬 바람, 외풍

C
- negotiation 협상   • party 당사자
- conflict 다툼, 충돌, 갈등   • position 처지, 입장

- underlying 근원적인   • interest 이해관계

- The librarian **could not have invented** the solution she did **if** she **had focused** only on the two men's stated positions of wanting the window open or closed.:
  가정법 과거완료를 사용하여 있었던 일을 반대로 말한 것이다. 즉, 사서가 해결책을 생각해낼 수 있었던 것은 창문을 열고 닫으려는 두 남자의 입장에만 집중하지 않았기 때문임을 강조하는 의미이다.

CHAPTER 04

1

0 A ⓑ B ⓐ

1 (1) ③ (2) ②　　　**2** ④　　　**3** ④　　　**4** ①　　　**5** ④

Ⓐ We spend a lot of time in front of our desk every day. But your desk isn't built for you only. It's built for anyone. And the wrong posture can lead to aches and pain. So, here are some tips to relieve pain.

Ⓑ First, adjust the height of your chair so that your elbows are bent to 90 degrees. And use a foot stool if your feet don't touch the floor. Next, adjust your monitor. Place the monitor close enough—about arm's length—so that you're able to read without having to strain your eyes or to bend forward to adjust your posture. Also, raise the monitor up until the top of the screen meets eye level. For a laptop, use a stand to raise the screen to the proper height. Then attach an external keyboard and mouse to it. If you work from two monitors, place the primary monitor directly in front of you. If you use both monitors equally, line them up so that you are in the middle of the two. And finally, don't forget to take a break. After 10-15 minutes, we tend to slouch. Learn to stretch while sitting in your chair. Most importantly, get up out of your chair, and move around, at least once an hour.

이 글의 구조와 요약

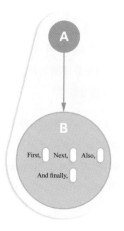

문제 제기	A	책상에서의 자세와 통증의 관계 – 장시간 책상 앞에 앉아 있는 경우, 잘못된 자세로 통증이 생길 수 있음
해결 방안	B	통증을 덜기 위한 조언 – 의자 높이 조절 – 모니터 거리와 높이 조정 – 휴식 취하기

전문해석

Ⓐ 우리는 매일 책상 앞에서 많은 시간을 보낸다. 하지만 당신의 책상이 오직 당신만을 위해 만들어진 것은 아니다. 누구나 사용할 수 있도록 만들어져 있다. 그리고 잘못된 자세는 아픔과 고통으로 이어질 수 있다. 그래서, 여기 통증을 덜기 위한 몇 가지 조언들이 있다.

Ⓑ 먼저, 팔꿈치가 90도로 구부러지도록 의자의 높이를 조절하라. 그리고 발이 바닥에 닿지 않으면 발판을 사용하라. 다음으로, 모니터를 조정하라. 모니터를 팔 길이 정도로 충분히 가까이 배치해야 눈을 무리하게 사용하거나 자세를 조절하려고 앞으로 숙이는 것 없이 읽을 수 있다. 또한, 화면 상단이 눈높이에 맞을 때까지 모니터를 위로 올려라. 노트북의 경우, 스탠드를 사용하여 화면을 적절한 높이로 올려라. 그런 다음 외부 키보드와 마우스를 연결하라. 만약 두 대의 모니터로 일하는 경우, 당신 바로 정면에 주가 되는 모니터를 두어라. 두 대의 모니터를 균등하게 사용한다면, 당신이 두 대의 모니터의 중간에 있도록 모니터를 일렬로 배치하라. 그리고 마지막으로, 휴식을 취하는 것을 잊지 마라. 10~15분 후에, 우리는 구부정해지는 경향이 있다. 의자에 앉아 스트레칭하는 법을 배워라. 가장 중요한 것은, 적어도 한 시간에 한 번씩은 의자에서 일어나 돌아다니는 것이다.

0 단락 관계 파악

이 글은 A에서 책상에서의 잘못된 자세가 통증을 유발한다고 언급하여 문제와 원인을 밝힌 뒤, B에서는 통증을 덜기 위한 팁 즉, 책상에서 바르게 앉는 방법을 설명하여 구체적인 해결 방안을 제시하는 구조이다.

1 내용 일치

(1) 모니터 2가 주 모니터일 경우
두 대의 모니터를 사용할 때, 주 모니터가 있다면 주 모니터를 사용자 바로 앞에 놓으라고 했으므로 ③이 올바른 위치이다.
(2) 두 대의 모니터를 균등하게 사용할 경우
두 대의 모니터를 균등하게 사용한다면, 사용자는 두 대의 모니터 중간에 있어야 한다고 했으므로 올바른 위치는 ②이다.

2 내용 일치

B의 마지막 문장 Most importantly, get up out of your chair, and move around, at least once an hour.에서 한 시간에 한 번은 의자에서 일어나서 돌아다니라고 했으므로 ④가 글의 내용과 일치함을 알 수 있다.
①, ② 책상과 팔꿈치가 직각을 이루게 의자 높이를 조절하고, 발이 닿지 않으면 판을 사용하라고 했으므로 글의 내용과 일치하지 않는다.
③ 10~15분 후에 구부정해지는 경향이 있다고 했지 10~15분마다 휴식을 취하라는 것은 아니므로 글의 내용과 일치하지 않는다.

3 주제 파악

잘못된 자세가 통증을 유발할 수 있다는 문제점을 제기한 뒤, 그 문제를 해결할 방안으로 자세를 바로 하는 조언을 하고 있다. 따라서, 글의 주제로 ④ '잘못된 자세로 인해 야기되는 통증을 줄이는 방법'이 가장 적절하다.
① 근무지에서 부상을 피하는 방법
② 사무용 가구를 저렴한 가격에 찾는 방법
③ 성공적인 일과 생활의 균형을 이루는 방법

4 유의어

relieve는 '(고통 등을) 덜어 주다, 없애다'라는 뜻으로, ① ease(덜어주다, 편하게 해주다)와 의미가 가장 가깝다.
② 고통받다, 겪다
③ 악화시키다
④ 경험하다

5 반의어

primary는 '주된, 주요한'을 뜻하며 main, original, principal 모두 유의어들이다. 그러나, ④ secondary는 '부차적인'을 뜻하므로 의미상 거리가 멀다.
① 주요한, 주된
② 본래의
③ 주요한

어휘 · 구문

A
- posture 자세   • ache 아픔, 고통
- pain 아픔, 통증, 고통   • relieve (고통 등을) 덜어 주다, 없애다

B
- adjust 조절하다, 조정하다   • bend 구부리다
- stool (올라서는) 발판   • strain 무리하게 사용하다
- attach 붙이다, 첨부하다   • external 외부의
- primary 주된, 주요한   • directly 정면으로
- slouch 몸을 구부리다

- Place the monitor close enough—about arm's length—**so that** you're able to read without *having to strain* your eyes or *to bend* forward to adjust your posture.:
  「so that+주어+동사」 구문으로 '~하도록, ~하기 위해'라는 목적을 나타내며, 등위접속사 or로 to strain과 to bend가 having에 연결되어 병렬구조를 이루고 있다.
- And finally, don't **forget to take** a break.:
  「forget+to부정사」 구문으로 '(미래에) ~할 것을 잊어버리다'라는 의미를 나타내며, 「forget+-ing」 구문은 '(과거에) ~했던 것을 잊어버리다'라는 의미를 나타낸다.
  ex. 「remember+to부정사」: (미래에) ~할 것을 기억하다
  「forget+-ing」: (과거에) ~했던 것을 기억하다
  「regret+to부정사」: (미래에) ~하게 되어 유감이다
  「regret+-ing」: (과거에) ~했던 것을 후회하다

2

0 Ⓐ ⓒ Ⓑ ⓑ Ⓒ ⓐ Ⓓ ⓓ

1 earworm   **2** ③   **3** ③   **4** ④   **5** ①

Ⓐ Have you ever had a song repeated in your mind endlessly, after you accidentally picked it up somewhere else? For example, you hear a tune on the radio on your way to school, and it sticks in your head and repeats itself all day long. Or, you hear a part of an old pop song on the street, and it runs in your head all afternoon.

Ⓑ Actually, this music repetition is so common that almost everyone experiences it from time to time. Women are more sensitive about it, and it lasts longer for them. It may remain for a few days and, it is also highly <u>infectious</u>. When a person begins to hum the tune, other people can "catch" it, and they may also hum the tune all day long.

Ⓒ This phenomenon is called an "earworm." As you can guess, the name "earworm" comes from the image of a worm living in the ear, thus making the same music again and again in your ear.

Ⓓ Scientists say that an earworm is a kind of brain itch. When people have an itch on their bodies, they scratch themselves repeatedly. Similarly, you catch the repetitive tune, and it will keep on running in your head. If you want to get rid of an earworm, try chewing gum or listening to the song to the end. Trying to find a "cure song" such as the "Happy Birthday" song could help, too.

이 글의 구조와 요약

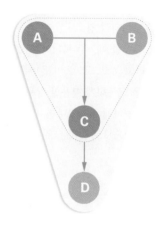

문제 제기	A	현상의 경험 사례 – 노래가 온종일 머릿속에서 맴도는 것
	B	현상의 특징 – 거의 모든 사람에게 일어나며, 전염도 잘 됨
	C	현상을 가리키는 말 – 이어웜(earworm)
해결 방안	D	현상(earworm)을 멈추는 방법 – 껌 씹기, 노래 끝까지 듣기, 치유 노래 찾기

전문해석

Ⓐ 우연히 다른 곳에서 듣고 마음속에서 끊임없이 노래가 반복된 적이 있는가? 예를 들어, 당신이 학교 가는 길에 라디오에서 어떤 곡을 듣고, 그것은 당신 머릿속에 들러붙어 온종일 반복된다. 또는, 거리에서 오래된 대중음악의 한 부분을 듣고, 그것이 오후 내내 당신의 머릿속에 맴돈다.

Ⓑ 사실, 이런 음악 반복은 너무 흔해서 거의 모든 사람들이 때때로 경험한다. 여성들은 그것에 대해 더 민감하고 그것은 그들에게 더 오래 지속된다. 그것은 며칠 동안 남아 있을지도 모르고 전염성도 또한 높다. 어떤 사람이 곡을 흥얼거리기 시작하면, 다른 사람들이 그것을 '잡게' 되고 그들 또한 온종일 그 곡을 흥얼거릴 수 있다.

Ⓒ 이 현상은 '이어웜(earworm)'이라고 불린다. 추측할 수 있듯이, '이어웜(earworm)'이라는 이름은 귓속에 사는 벌레 이미지에서 비롯되었고, 따라서 그것은 당신의 귀에서 되풀이해서 같은 음악을 만들어낸다.

Ⓓ 과학자들은 이어웜(earworm)이 일종의 뇌 가려움증이라고 말한다. 사람들은 몸에 가려움증이 있을 때, 반복적으로 자신을 긁는다. 비슷하게, 당신이 반복되는 곡을 듣게 되면 그것은 당신의 머릿속에서 계속 맴돌 것이다. 만약 당신이 이어웜(earworm)을 없애고 싶다면, 껌을 씹거나 그 노래를 끝까지 들어라. 'Happy Birthday'와 같은 '치유 노래'를 찾아보는 것도 도움이 될 수 있다.

0 단락 관계 파악

이 글은 **A**에서는 특정 현상의 경험 사례를 보여주고, **B**에서 그 현상의 특징을 제시한 뒤, **C**에서 이 현상을 가리키는 용어를 설명하고 있다. 그리고 **D**에서는 현상을 멈추는 방법을 제시하는 구조로 되어 있다.

1 재진술

> - 마음속에서 끊임없이 반복되는 노래를 갖다
> - 머릿속에 들러붙다
> - 노래를 흥얼거리다
> - 일종의 뇌 가려움증

'이어웜(earworm)' 현상을 설명하기 위해 쓰인 표현들이다.

2 내용 불일치

D에서 이어웜은 일종의 뇌 가려움증이라고 했으나 실제로 뇌가 가려운 현상은 아니므로 ③은 글의 내용과 일치하지 않는다.

① **B**의 마지막 문장에 언급된 other people can "catch" it, they may also hum the tune에서 전염성이 있음을 알 수 있다.

② **D**의 첫 번째 문장에 언급된 a kind of brain itch에서 뇌와 관련되어 있음을 알 수 있다.

④ **D**의 네 번째 문장에 언급된 try chewing gum에서 껌 씹기가 해결책 중 하나임을 알 수 있다.

3 제목 파악

어떤 노래나 곡이 온종일 또는 며칠간 머릿속에 맴돌거나 흥얼거리는 이어웜(earworm) 현상을 소개하고 이것을 해결할 방법을 소개하는 내용의 글이다. 따라서 이 글의 제목으로 ③ '이어웜의 증상과 치료법'이 가장 적절하다.

① 이어웜이 여성에게 미치는 영향
② 이어웜의 치료법과 부작용
④ 가려움증과 이어웜의 차이점

4 유의어

tune은 '곡, 곡조'라는 뜻으로, ④ melody(곡, 노래)와 의미가 가장 가깝다.

① 소음
② 소문
③ 요구

5 빈칸 추론

빈칸 뒤에 이어지는 문장이 곡 흥얼거림이 한 사람에게서 다른 사람들에게 퍼진다는 내용이므로, 빈칸에는 ① '전염성의'가 들어가는 것이 가장 적절하다.

② 흥미 있는
③ 위험한
④ 편안한

- accidentally 우연히
- tune 곡, 곡조
- stick 들러붙다, 붙이다
- run (얼마의 기간 동안) 계속되다

B

- from time to time 때때로, 이따금
- sensitive 민감한
- last 계속되다, 지속되다
- remain 남아 있다
- infectious 전염성의
- Actually, this music repetition is **so** common **that** almost everyone experiences it from time to time.:
  「so+형용사/부사+that+주어+동사」 구문으로 '너무나 ~해서 ...하다'라는 의미이다.

C

- phenomenon 현상
- again and again 몇 번이고, 되풀이해서
- As you can guess, the name "earworm" comes from the image of a worm [**living** in the ear], thus [**making** the same music again and again in your ear].:
  첫 번째 [ ]는 앞의 명사 a worm을 수식하는 현재분사구이고, 두 번째 [ ]는 결과를 나타내는 분사구문으로 and it makes ~의 의미를 나타낸다.

D

- scratch 긁다, 할퀴다
- similarly 비슷하게, 유사하게
- repetitive 반복적인, 반복되는
- cure 치유

3

0 Ⓐ ⓒ Ⓑ ⓑ Ⓒ ⓐ

1 to warn people of the danger of poor posture and inadequate office environment
2 change, (regular) breaks, office supplies　　3 ④　　4 ④　　5 ③

Ⓐ Emma is an image of an office worker who has had unhealthy office behavior and defective office equipment for over 20 years. As you can see in the illustration, Emma is stooped and sallow-skinned. Also, she has dry, red eyes and swollen wrists and ankles. These ailments are caused by sitting long hours in a bad position, too much staring at the computer screen, lack of sun rays, or poor air quality in the office.

Ⓑ Emma, 'The Work Colleague of the Future' campaign, was developed by UK researchers to warn people of the danger of poor posture and inadequate office environment. We sit still at our desks too long without moving, and our bodies are impacted by this lifestyle. It is not just muscles and bones that are damaged. Diseases such as heart problems, diabetes, and even cancer can be accelerated.

Ⓒ Not to become Emma, we should better consider our well-being at work. We should avoid sitting for long hours without changing positions. We need to take regular breaks and move as much as possible during working hours. As for the employers, they should provide a healthy working environment. They need to prioritize the workers' health in choosing office supplies. Some companies are even trying to offer better air quality and safe building materials.

이 글의 구조와 요약

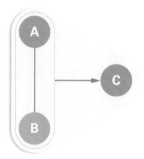

문제 제기	A	Emma가 상징하는 사무직 근무자의 질병과 원인
	B	Emma를 통해 경고하고자 하는 메시지 – 나쁜 자세와 부적합한 사무실 환경의 위험성
해결 방안	C	건강한 업무 환경을 만들기 위한 노력 – 근로자가 할 일 – 고용주가 할 일

전문해석

Ⓐ Emma는 20년 이상 동안 건강하지 못한 사무실 행동 습관과 결함이 있는 사무기기를 사용해 온 회사원의 모습이다. 삽화에서 볼 수 있듯이, Emma는 구부정하고 약간 누런 피부이다. 또한, 그녀는 건조하고 충혈된 눈에 부어오른 손목과 발목을 가지고 있다. 이러한 질병들은 나쁜 자세로 장시간 앉아 있는 것, 컴퓨터 화면을 너무 많이 쳐다보는 것, 햇빛 부족, 사무실의 나쁜 공기 질 때문에 생긴다.

Ⓑ '미래의 직장 동료' 캠페인의 Emma는 사람들에게 나쁜 자세와 부적합한 사무실 환경의 위험성을 경고하기 위해 영국 연구원들에 의해 시작되었다. 우리는 움직임 없이 책상에 너무 오래 가만히 앉아 있는데, 우리의 몸은 이러한 생활 방식에 의해 영향을 받는다. 손상되는 것은 근육과 뼈만이 아니다. 심장 질환, 당뇨병, 심지어 암과 같은 질병이 가속화될 수 있다.

Ⓒ Emma가 되지 않기 위해서는 직장에서 우리의 안녕을 고려하는 것이 더 좋을 것이다. 우리는 자세를 바꾸지 않고 장시간 앉아 있는 것을 피해야 한다. 우리는 근무 시간에 규칙적으로 휴식을 취하고 가능한 한 많이 움직일 필요가 있다. 고용주의 경우, 그들은 건강한 근무 환경을 제공해야 한다. 그들은 사무용품을 고를 때 근로자들의 건강을 우선시할 필요가 있다. 일부 회사들은 심지어 더 나은 공기 질과 안전한 건축 자재를 제공하려고 노력하고 있다.

0 단락 관계 파악

이 글은 A에서 Emma의 모습을 통해 사무직 근무자의 질병과 원인을 설명하고 있으며, B에서는 Emma를 통해 경고하려는 메시지로 어떤 문제가 있는지 밝히고, C에서 이를 해결할 방법으로 건강한 업무 환경을 만들기 위해 근로자와 고용주가 각각 해야 할 일을 구체적으로 제시하는 구조이다.

1 중심어 파악

B의 첫 번째 문장에 캠페인의 목적인 '사람들에게 나쁜 자세와 부적합한 사무실 환경의 위험성을 경고하기 위해(to warn people of the danger of poor posture and inadequate office environment)'가 잘 나타나 있다.

2 구체적 진술 파악

C에 근로자와 고용주가 더 나은 그리고 더 건강한 근무 환경을 위해 해야 할 일이 언급되어 있다.

더 나은 그리고 더 건강한 근무 환경을 위한 조치	
사무직 근로자	• 종종 자세 바꾸기 • (규칙적인) 휴식 취하기 • 사무실에서 가능한 많이 움직이기
고용주	• 안전한 사무용품 선택하기 • 더 좋은 공기 질과 안전한 건축 자재를 제공하기

3 요지 파악

이런 구조의 글은 문제에 대한 해결책이 글의 요지가 된다. 사무직 근로자의 건강을 위해 좋은 근무 습관과 더 나은 근무 환경 조성에 대한 의견을 제시하고 있는 글이므로 글의 요지로 ④ 'Emma처럼 되지 않기 위해 일하는 습관과 환경에 더 많은 관심을 기울여야 한다.'가 가장 적절하다.

① 고용주들은 직원들의 나쁜 건강에 책임이 있다.
② Emma는 나쁜 일 습관이 있어서 몸이 좋지 않은 상태이고 건강이 나쁘다.
③ Emma는 사람들에게 사무실 근무의 위험을 경고하기 위해 연구원들이 만들었다.

4 문맥 추론

나쁜 자세로 장시간 앉아 있는 것과 같이 부정적인 요인에 의해 ailments가 생긴다고 했으므로, ailments가 '질병'을 뜻함을 짐작할 수 있다. 따라서, diseases, illnesses, disorders와 바꾸어 쓸 수 있으나, ④ functions는 '기능'을 뜻하므로 바꾸어 쓸 수 없다.
① 질병, 질환
② 질병, 병
③ 질병, 장애

5 다의어

still은 '가만히, 여전히, 아직' 등의 의미가 있으며, 여기서는 '가만히'라는 의미로 쓰였다. 따라서 ③과 동일한 의미로 사용되었다.
① 나는 다시 시도했지만 여전히 실패했다.
② 그는 여전히 부모님과 함께 살고 있다.
③ 내가 너의 신발 끈 매는 동안 가만히 있어.
④ 나는 아직 그의 이름이 기억나지 않는다.

어휘·구문

A
• defective 결함 있는 • illustration 삽화, 그림
• stoop (자세가) 구부정한 • sallow (사람의 얼굴이) 약간 누런, 병색이 엿보이는
• swollen 부어오른 • wrist 손목 • ankle 발목
• ailment (심각하지 않은) 질병 • stare 쳐다보다, 응시하다

B
• warn 경고하다 • posture 자세
• inadequate 부적합한, 부적절한 • diabetes 당뇨병
• cancer 암 • accelerate 가속화하다

C
• environment 환경 • prioritize 우선으로 처리하다
• supply 보급품, 물자 • material 자재
• We need to take regular breaks and move **as much as possible** *during* working hours.:
  「as+형용사[부사]의 원급+as possible」은 '가능한 한 ~한[하게]'라는 의미이다. during은 '~ 동안'이라는 의미로 뒤에 구체적인 기간을 나타내는 명사(구)가 오며, 같은 의미의 for 뒤에는 구체적인 숫자로 된 기간이 온다.
  ex. during holidays / for 3 hours

4 ❶ Ⓐ ⓒ Ⓑ ⓐ Ⓒ ⓑ Ⓓ ⓓ

1 ② **2** ③ **3** ① **4** ① **5** (1) how hard (2) who (3) what time

Ⓐ One of the most common problems many people face nowadays is poor sleep quality. No matter how much sleep we get, we just don't seem to have the energy to tackle the day. I've experienced the same problem, and I'd like to share a simple but effective solution.

Ⓑ Among other things, I stopped misusing caffeine. Caffeine is said to last five to seven hours in our system after consumption. So we've been told not to drink too much caffeine, or else we won't be able to sleep at night.

Ⓒ But did you know that it actually lasts longer than that? In fact, the half-life of caffeine is five to seven hours, so if you drink coffee at 3:00 pm, there's a good chance that 50% of that caffeine is still in your system until 10:00 pm, and a quarter of the original caffeine by 5:00 am the next morning. This can severely disrupt your restorative sleep when a lot of important things are going on in your mind and body such as information processing, creating new ideas, and healing muscle tissues.

Ⓓ So, my advice is drink caffeine before noon so that you still have that morning boost and still get the effect going throughout the day, but not let it disrupt a good night's slumber.

이 글의 구조와 요약

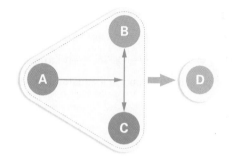

문제 제기	A	사람들이 공통적으로 겪고 있는 문제 – 수면 시간과 상관없는 수면의 질 저하
원인 분석	B	알려진 원인(카페인 섭취) – 카페인 섭취 시 몸속에 5~7시간 지속되어, 많이 마시면 밤에 잠을 잘 수 없는 것으로 알려짐
	C	실제 원인(카페인 반감기를 고려해야 함) – 카페인의 반감기가 5~7시간이어서, 실제로는 더 긴 시간 몸속에 남아 있을 수 있음
해결 방안	D	조언 – 카페인 먹는 시간을 조절하라

전문해석

Ⓐ 오늘날 많은 사람이 직면하는 가장 흔한 문제 중 하나는 수면의 질이 낮다는 것이다. 아무리 잠을 많이 잔다고 해도, 우리는 그저 하루를 버틸 기력이 없는 것 같다. 나도 같은 문제를 경험해봤기에, 간단하지만 효과적인 해결책을 공유하려고 한다.

Ⓑ 무엇보다, 나는 카페인 남용을 멈췄다. 카페인은 섭취 후 우리 몸속에 5시간에서 7시간 동안 지속된다고 한다. 그래서 우리는 카페인을 너무 많이 마시지 말아야 하며, 그렇지 않으면 밤에 잠을 잘 수 없을 것이라 들었다.

Ⓒ 하지만 그것이 실제로 그것보다 더 오래 지속된다는 것을 알고 있었는가? 사실, 카페인 반감기는 5~7시간이고, 그래서 오후 3시에 커피를 마신다면, 그 카페인의 50퍼센트가 오후 10시까지 체내에 여전히 남아 있을 가능성이 크고, 다음 날 아침 5시까지 원래 카페인의 4분의 1이 남아 있을 가능성이 크다. 이것은 정보 처리, 새 아이디어 창출, 근육 조직 치료와 같이 여러분의 마음과 몸에서 많은 중요한 일들이 일어나는, 여러분의 원기를 회복시키는 잠을 심각하게 방해할 수 있다.

Ⓓ 그래서, 내 조언은 카페인을 정오 전에 마시라는 것이다. 그리하여 여러분이 그날 아침의 활력을 여전히 가지고 있고 그 효과가 온종일 지속되도록 하지만, 그것이 충분한 수면을 방해하지 않도록 하기 위해서이다.

0 단락 관계 파악

이 글은 A에서는 사람들이 겪는 수면의 질 저하를 문제로 제기한 뒤, B에서 사람들에게 알려진 원인 카페인 섭취를 언급하고, C에서는 카페인의 반감기에 대해 설명하며 실제 원인을 밝히고 있다. 그리고 D에서 문제의 원인을 고려한 해결 방안을 제시하며 글을 마무리하는 구조이다.

1 주제 파악

수면의 질 저하를 문제로 제기한 뒤, 그 원인을 분석하고 해결책을 제시하고 있으므로, 글의 주제로 ② '수면의 질을 개선하는 방법'이 가장 적절하다.
① 원기를 회복시키는 잠을 잘 계획을 세우는 방법
③ 카페인 중독을 극복하는 방법
④ 카페인의 효과를 연장하는 방법

2 내용 일치

카페인 반감기가 섭취 후 5~7시간이고 그 이후에도 카페인이 남아 있을 가능성이 크다고 했으므로, ③ '카페인의 효과는 섭취 후 7시간 이상 지속된다.'가 글의 내용과 일치한다.
① 모닝커피는 우리의 수면을 밤새 방해할 수 있다.
② 오후에 커피를 마시는 것은 원기 회복을 위한 수면에 거의 영향을 미치지 않는다.
④ 수면 부족을 극복하는 가장 좋은 방법은 카페인 섭취를 중단하는 것이다.

3 빈칸 추론

수면의 질이 저하된 원인은 섭취된 카페인이 신체에 오래 남아 있기 때문인데, 그것은 카페인 섭취를 많이 해서가 아니라 카페인의 반감기 때문이다. C에서 오후 3시에 카페인을 마셨을 경우 생기는 문제점이 제시되고 있으므로, 빈칸에는 ① '카페인을 정오 전에 섭취하라'가 들어가는 것이 가장 적절하다.
② 천천히 카페인을 줄이려고 노력하라
③ 카페인 음료의 대안을 찾아라
④ 카페인 섭취량으로 스트레스를 받지 말라

4 다의어

last는 '⑧ 지속되다, 계속되다 ⑲ 마지막(의), 지난 ⑭ 마지막에' 등의 의미가 있으며, 여기서는 '지속되다, 계속되다'라는 의미로 쓰였다.
① 그 영화는 거의 세 시간 동안 <u>계속되었다</u>.
② 그녀는 항상 <u>마지막에</u> 오고 맨 먼저 떠난다.
③ 나는 너를 위해 파이의 <u>마지막</u> 조각을 남겨 두었다.
④ <u>지난번에</u> 내가 그를 만났을 때, 꽤 건강해 보였다.

5 no matter how/what/who

(1) 그가 아무리 돈을 모으려 해도, 늘 예상치 못한 지출이 튀어나올 것 같다.
→ 예상하지 못한 지출이 발생하는 것은, 그가 열심히 돈을 모으려는 상황과 상관없이 일어날 일임을 의미한다. 그러므로 빈칸에 how hard가 들어가는 것이 적절하다.
(2) 그녀가 누구에게 말을 걸든, 무슨 일이 일어났는지에 대해 정확한 대답을 얻을 수 없을 것 같다.
→ 정확한 답을 얻을 수 없는 것과 사람들에게 말하는 것이 서로 관계가 없다는 의미가 되어야 한다. 즉, 그녀가 누구에게 말을 거는 행위를 아무리 반복하더라도 정확한 답을 얻을 수 없는 결과는 마찬가지임을 뜻한다. 따라서 빈칸에는 who가 들어가는 것이 알맞다.
(3) 그는 몇 시에 잠자리에 들더라도, 항상 상쾌하고 활기찬 기분을 느끼며 일찍 일어난다.
→ 그가 항상 일찍 일어나는 것은, 그가 잠자리에 드는 시간과 상관없는 결과라는 의미가 되어야 자연스럽다. 따라서 what time이 빈칸에 들어가야 한다.

어휘 · 구문

A
- common 흔한, 공동의 • face 직면하다, 마주하다
- tackle 버티다, 맞서다 • effective 효과적인

B
- misuse 남용하다, 오용하다 • system 몸, 신체
- consumption 체내 섭취, 먹는 것, 소비
- Caffeine **is said to** last five to seven hours in our system after consumption.:
  say, believe, know 등의 의사 전달 동사의 목적어가 that절인 문장을 수동태로 바꿀 때, 다음의 형식을 취한다.
  (능동태) 주어+say[believe, know...]+that절(목적어절)
  → (수동태) 가주어 It is said that+주어+동사(진주어절)
  → 주어+be said to부정사(단순)/to have p.p.(완료)

C
- half-life 반감기(질량이 반으로 감소하는 데 걸리는 시간)
- there's a good chance that ~할 가능성이 크다
- severely 심각하게 • disrupt 방해하다, 지장을 주다
- restorative 원기를 회복시키는 • muscle tissue 근육 조직

D
- boost (신장시키는) 힘, 격려 • throughout ~동안 쭉, 내내
- slumber 잠, 수면
- So, my advice **is drink** caffeine before noon [so **that** you still have that morning boost and still *get* the effect *going* throughout the day, but not *let* it *disrupt* a good night's slumber].:
  my advice is to drink ~. 에서 to가 생략된 형태이다. [ ]는 「so that+주어 +동사」 구문이 쓰여 '~하기 위해서' 또는 '그래서 ~하다'라는 의미를 나타낸다. [ ] 안에 쓰인 「get+목적어+현재분사」, 「사역동사 let+목적어+동사원형」 구문은 '~가 ...하게 하다'라는 의미를 나타낸다.

5

0 Ⓐ ⓒ Ⓑ ⓑ Ⓒ ⓐ

1 ④　　　　**2** ④　　　　**3** DNA에 남아있는 고대의 생존 전략이 과도한 칼로리 섭취를 유발하여 비만, 당뇨병, 높은 콜레스테롤 수치 같은 여러 건강 문제를 일으킴 / 식사 후 배고픔을 느낀다면 가짜 배고픔이라는 것을 인식하고 자신의 감정에 주의를 기울여 그 원인을 찾아야 함　　　**4** ③　　　　**5** ②　　　　**6** ②

Ⓐ If you feel hungry an hour after a big meal, it should be false or fake hunger. Craving for food, when you are not really hungry, comes from emotional disturbances like boredom, sadness, and depression. When you want comfort and satisfaction for some reason, eating offers temporary relief from your stressful emotions.

Ⓑ This habit of eating for emotional reasons goes back to ancient times. At that time, it was a good and healthful strategy because food was extremely scarce. Fatigue and depression were desperate signs that they had to eat anything right away to survive. The problem is that the strategy has been coded in your DNA, even in this age of plenty. Now, too much calorie intake and unhealthy snacks cause many health problems like obesity, diabetes, and a high cholesterol level. Still, we reach for food whenever we feel insecure and stressed as our ancestors did so many years ago.

Ⓒ Then, how can you overcome false hunger? Awareness and recognition is the first step. When you feel hungry after a nutritiously balanced meal, try to recognize if your hunger is true or false. Pay attention to your feelings and identify the cause of them. When you train yourself with this skill of awareness and recognition, false hunger will appear less frequently, and you will go back to a healthier life.

이 글의 구조와 요약

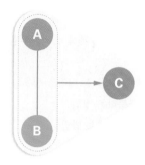

	A	What is false hunger? (가짜 배고픔은 무엇인가?) – 정서 장애에서 비롯된 배고픔
문제 제기 (현상 및 원인 분석)	B	Why is false hunger a problem? (가짜 배고픔이 왜 문제인가?) – 고대의 생존 전략이 풍족한 시대에도 DNA에 남아있음 – 많은 칼로리 섭취로 인해 여러 건강 문제를 일으킴
해결 방안	C	How can we overcome false hunger? (가짜 배고픔을 어떻게 극복할 수 있을까?) – 가짜 배고픔을 인식하고, 자신의 감정에 주의를 기울여 그 원인을 찾아야 함

전문해석

Ⓐ 만약 당신이 거한 식사 후 한 시간에 배고픔을 느낀다면, 그것은 가짜거나 꾸며낸 배고픔일 것이다. 당신이 정말로 배가 고프지 않을 때, 음식을 너무 먹고 싶어 하는 것은 지루함, 슬픔, 그리고 우울함과 같은 정서 장애에서 비롯된다. 당신이 어떤 이유로 편안함과 만족을 원할 때, 먹는 것은 당신의 스트레스 가득한 감정으로부터 일시적인 안도를 준다.

Ⓑ 정서적인 이유로 먹는 이러한 습관은 고대로 거슬러 올라간다. 그 당시에는, 음식이 극도로 부족했기 때문에 그것은 좋고 건강한 전략이었다. 피로와 우울함은 그들이 살아남기 위해서 당장 무엇이든 먹어야 한다는 필사적인 신호였다. 문제는 이 전략이 당신의 DNA에 암호화되어 있다는 것이다. 심지어 이 풍요로운 시대에도 말이다. 이제, 너무 많은 칼로리 섭취와 건강에 좋지 않은 간식은 비만, 당뇨병, 그리고 높은 콜레스테롤 수치 같은 여러 건강 문제들을 일으킨다. 하지만, 우리는 아주 오래 전 우리의 조상들이 그랬던 것처럼 불안하고 스트레스를 받을 때마다 음식에 손을 뻗는다.

Ⓒ 그렇다면, 당신은 가짜 배고픔을 어떻게 극복할 수 있을까? 의식과 인식이 첫 단계이다. 영양적으로 균형 잡힌 식사 후 배고픔을 느낀다면, 당신의 배고픔이 진짜인지 가짜인지 인식하도록 노력하라. 당신의 감정에 주의를 기울이고 그 감정의 원인을 찾아보라. 이러한 의식과 인식의 기술로 스스로를 훈련할 때 가짜 배고픔은 덜 나타나게 되고, 당신은 더 건강한 삶으로 돌아갈 것이다.

0 단락 관계 파악

이 글은 **A**에서는 정서 장애에서 비롯한 가짜 배고픔을 소개하고, **B**에서는 가짜 배고픔의 원인을 분석하여 그로 인해 우리 건강에 많은 문제를 일으킬 수 있다고 언급한 뒤, **C**에서 가짜 배고픔을 극복할 수 있는 해결 방안을 제시하는 구조로 되어 있다.

1 재진술

①, ②, ③은 모두 가짜 배고픔을 설명하기 위해 쓰인 표현들이므로 정답은 ④이다.
① 가짜거나 꾸며낸 배고픔
② 배고프지 않을 때 음식을 너무 먹고 싶어 하는 것
③ 정서적인 이유로 먹는 것
④ 영양적으로 균형 잡힌 식사

2 구체적 진술 파악

A의 두 번째 문장의 emotional disturbances like boredom, sadness, and depression과 마지막 문장에 언급된 stressful emotions 에서 가짜 배고픔의 원인을 찾을 수 있으므로 정답은 ④이다.

3 요지 파악

정서적인 요인으로 허기짐을 느끼는 가짜 배고픔의 문제점은 **B**에 제시된 것처럼 DNA에 암호화된 고대의 생존 전략으로 인해 여러 건강 문제를 일으킨다는 것이고, 그에 대한 해결책은 **C**에서 언급한 대로 가짜 배고픔을 인식하고 자신의 감정에 주의를 기울여 그 원인을 찾는 것이라고 말하고 있다.

4 의미 추론

가짜 배고픔이 무엇인지 설명하는 내용이다. 여기서 craving은 '갈망, 열망'을 의미하고 있다. 이것을 표현한 것은 ③ '무언가에 대한 극도로 강한 열망'이다.
① 무언가를 받아들이는 행위
② 무언가를 제한하거나 막는 방법
④ 어떤 일을 하지 않겠다는 것을 보여주는 행위

5 의미 추론

먹는 것이 어떤 효과를 주는지 설명하고 있다. 여기서 relief는 '안도, (고통의) 경감, 제거'라는 의미로 쓰였고, 이 의미를 표현한 것은 ② '고통스러운 것의 제거'이다.
① 표면에 새겨진 조각품
③ 다른 사람을 대신하는 사람
④ 어려운 사람들을 위한 음식 또는 서비스

6 if가 이끄는 명사절

if는 동사 recognize의 목적어 역할을 하는 명사절을 이끌고 있으며 '~인지 (아닌지)'라는 의미로 쓰였다. 이와 같은 쓰임의 if는 동사 remember의 목적어 역할을 하는 ②이다. ①, ③, ④에 쓰인 if는 '~라면'이라는 의미의 조건 부사절을 이끈다.
① 당신이 그녀에게 전화하면 그녀는 기꺼이 올 것이다.
② 나는 그가 회의에 왔는지 (안 왔는지) 기억나지 않는다.
③ 내일 비가 온다면 우리는 소풍을 취소할 것이다.
④ 네가 그를 돕지 않았다면 그는 실패했을 것이다.

어휘·구문

A

- fake 꾸며낸 • craving 갈망, 열망
- disturbance (심리적) 장애; 방해 • depression 우울함
- temporary 일시적인 • relief 안도; 완화

B

- strategy 전략, 계획 • extremely 극도로, 극히
- scarce 부족한, 드문 • fatigue 피로
- desperate 필사적인, 극단적인 • survive 살아남다
- intake 섭취 • obesity 비만
- diabetes 당뇨병 • insecure 불안정한
- ancestor 조상
- Still, we reach for food [**whenever** we *feel insecure and stressed as our ancestors* **did** so many years ago].:
  [ ]는 '~할 때는 언제나, ~할 때마다'라는 의미를 나타내는 접속사 whenever가 이끄는 부사절로, 감각동사 feel은 형용사를 보어로 취한다. did는 reached for food를 의미하는 대동사이다.

C

- overcome 극복하다 • awareness (중요성에 대한) 의식
- recognition 인식, 인정 • nutritiously 영양적으로
- pay attention to ~에 주의를 기울이다 • frequently 빈번하게
- When you feel hungry after a nutritiously balanced meal, *try to recognize* **if** your hunger is true or false.:
  「try+to부정사」 구문은 '~하려고 애쓰다'라는 의미인 반면, 「try+-ing」 구문은 '한번 ~해보다'라는 의미이다. if는 동사 recognize의 목적어를 이끄는 접속사로 whether와 바꾸어 쓸 수 있다.

6

0 Ⓐ ⓒ Ⓑ ⓑ Ⓒ ⓐ
1 Social Comparison / jealousy, low self-esteem, depression   2 ④
3 (1) suffer from 또는 have suffered from (2) effect on (3) connect with
4 (1) Watching (2) Flying (3) bringing

Ⓐ While many people seek friendship through social media, it can have a damaging effect on its users' psychological well-being.

Ⓑ According to a study, a surprising number of people suffer from jealousy, low self-esteem, and depression as a result of using social media. Researchers have pointed out that "social comparison" causes such undesirable mental conditions.

Ⓒ Looking at others' selfies posted online, you feel that everyone but you seems to have a perfect life. You see them having more fun, meeting exciting people, and looking gorgeous. Everything they do looks better. You become jealous of them. Your self-esteem takes a hit, and you become depressed.

Ⓓ If you feel really bad after using social media, it is a good idea to reduce time online. Also, remember that the online postings are the most memorable moments for your friends. They are supposed to look fantastic. So, stop making comparisons with others. Most of all, we should all remind ourselves that the purpose of social media is to make human connections, not to show off. Showing a sincere human side is the best way to stay truly connected with others.

이 글의 구조와 요약

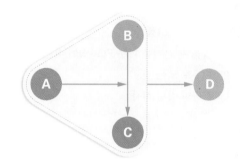

문제 제기	A	소셜 미디어가 사람들의 정신적 행복에 악영향을 끼칠 수 있음
원인 분석 및 사례	B	소셜 미디어를 통한 '사회적 비교'가 사람들에게 바람직하지 않은 정신 상태를 유발함
	C	다른 사람들의 게시물을 보면, 나를 제외한 모든 사람이 즐거워 보이고 멋져 보임 → 질투 → 자존감에 타격을 입고 우울해짐
해결 방안	D	– 온라인에서 보내는 시간을 줄일 것 – 게시물을 보고 자신과 비교하는 것을 멈출 것 – 소셜 미디어의 목적을 상기할 것

전문해석

Ⓐ 많은 사람이 소셜 미디어를 통해 친목을 꾀하지만, 그것은 사용자들의 정신적 행복에 악영향을 끼칠 수 있다.

Ⓑ 한 연구에 따르면, 놀랍게도 많은 사람이 소셜 미디어를 사용한 결과로 질투와 낮은 자존감 그리고 우울증으로 고통을 받는다고 한다. 연구원들은 '사회적 비교'가 그런 바람직하지 않은 정신 상태를 유발한다고 지적해왔다.

Ⓒ 온라인에 올라온 다른 사람들의 셀카를 보면, 당신을 제외한 모두가 완벽한 삶을 사는 것처럼 느껴진다. 당신은 그들이 더 즐겁고, 흥미진진한 사람들을 만나고, 아주 멋져 보인다고 생각한다. 그들이 하는 모든 것이 더 좋아 보인다. 당신은 그들을 질투하게 된다. 당신의 자존감은 타격을 입고, 당신은 우울해진다.

Ⓓ 만약 당신이 소셜 미디어를 사용한 후 정말 기분이 나쁘다면, 온라인에서의 시간을 줄이는 것이 좋은 생각이다. 또한, 온라인 게시물은 당신 친구들에게 가장 기억에 남는 순간이라는 것을 기억하라. 그것들은 환상적으로 보이게 되어 있다. 그러니, 다른 사람들과 비교하는 것을 멈춰라. 무엇보다도, 우리는 모두 스스로에게 소셜 미디어의 목적이 자랑하는 것이 아니라 인간관계를 맺는 것임을 상기시켜야 한다. 진심의 인간적인 면을 보여주는 것이 다른 사람들과 진정으로 관계를 유지하는 가장 좋은 방법이다.

0 단락 관계 파악

이 글은 **A**에서 소셜 미디어의 악영향에 대해 문제를 제기하고, **B**에서는 악영향이 일어난 결과와 그 원인을, **C**에서는 악영향이 일어나게 되는 과정을 구체적 사례를 통해 보여주고 있으며, **D**에서 소셜 미디어를 건강하게 활용하는 방법을 해결 방안으로 제시하는 구조로 되어 있다.

1 구체적 진술 파악

B와 **C**에서 '소셜 미디어'에 올라온 다른 사람의 게시물을 보면, 자신과 타인의 삶에 대해 '사회적 비교'를 하게 되어, '질투'와 '낮은 자존감', '우울증'과 같이 '바람직하지 않은 정신 상태'를 유발한다고 했다.

2 요지 파악

글쓴이는 **D**에서 소셜 미디어의 목적은 자랑이 아니라 인간관계를 맺는 것이라고 했으므로, 이와 생각이 다른 사람은 자랑을 위해 게시물을 올린 ④의 Jung이다.

① 진: 그녀가 올린 사진을 보니, 혜수는 생일에 가족과 즐거운 시간을 보냈네. 축하해 줘야지.
② 민: 나는 휴대 전화 사용 시간을 줄이고 공원에 나가서 운동할 필요가 있어.
③ 필: 수학 문제가 너무 어려워. 질문 사진을 올리고 친구들에게 도움을 요청해야겠어.
④ 정: 사진에서 새 신발이 내 바지에 덮여서 안 보이네. 다시 찍어서 올려야겠어.

3 문맥 추론

effect on은 have an effect on으로 '~에 영향을 끼치다'는 뜻이고, suffer from은 '~으로 고통을 받다'의 의미이며, connect with는 '~와 친해지다, 잘 지내다'라는 의미이다.

(1) 최근에, 미국 근로자의 80% 이상이 업무와 관련된 스트레스로 고통을 받고[고통을 받아오고] 있다.
→ 문맥상 근로자들이 고통받는다는 내용이 적절하며, 주어 Over 80% of the workers가 3인칭 복수이고 현재 혹은 과거부터 현재까지 계속되어 온 일을 나타내므로 현재 시제나 현재완료 시제인 suffer from 또는 have suffered from으로 쓴다.
(2) 색은 우리의 기분, 감정, 그리고 정서에 영향을 끼친다고 믿어진다.
→ 문맥상 색이 영향을 미친다는 내용이 적절하므로, have an effect on을 쓴다.
(3) 나는 새 이웃과 금방 친해질 수 있었다. 그 이후로 우리는 좋은 친구로 지내고 있다.
→ 문맥상 새 이웃과 친해지다라는 내용이 적절하며, 「be able to +

동사원형」 구문이 이어져야 하므로 connect with로 쓴다.

4 분사구문

분사구문은 부사절(시간, 조건, 이유, 결과 등)에서 핵심적인 내용만 남겨 전체 문장을 경제적으로 쓰고자 할 때 사용하는 표현이다. 앞뒤 문맥을 따져 자연스러운 의미가 되는 단어를 골라 분사구문을 만들어야 한다.

(1) 소설에 기반한 영화를 볼 때, 사람들은 종종 소설과 영화를 비교하곤 한다.
→ 사람들이 영화를 볼 때(When they watch movies ~)라고 해야 자연스럽다. 따라서 현재분사 Watching을 써야 한다.
(2) 시속 1.6 킬로미터로 날면서, 모기는 냄새를 통해 목표물을 찾는다.
→ 모기가 나는 동안(As they fly ~)을 의미해야 문맥이 통한다. 빈칸에는 현재분사 Flying이 적절하다.
(3) 모세혈관들은 뼈 조직 속의 통로를 통해 퍼져 있어서, 뼈 세포에 산소와 영양소들을 운반한다.
→ 그래서 모세혈관들이 산소와 영양소들을 가져다준다(so they bring ~)는 의미가 되어야 하므로, 현재분사인 bringing을 써야 자연스럽다.

어휘·구문

A
- seek 찾다, 구하다   • damaging 해로운
- psychological 정신적인, 심리학적인   • well-being 행복, 안녕

B
- suffer from ~으로 고통을 받다   • self-esteem 자존감
- depression 우울증   • point out 지적하다; 주목하다
- comparison 비교

C
- selfie 셀카, 셀프카메라(스마트폰 등으로 찍은 자신의 사진)
- gorgeous 아주 멋진, 화려한   • take a hit 타격을 입다
- [**Looking** at others' selfies {*posted* online}], you feel that *everyone* but you *seems* to have a perfect life.:
  [ ]는 조건을 나타내는 분사구문으로 그 안의 { }는 others' selfies를 수식하는 과거분사구이다. 주절의 that절에서 주어 everyone은 단수 취급하므로 단수 동사 seems가 쓰였다.

D
- reduce 줄이다; 낮추다   • memorable 기억할 만한
- be supposed to ~하기로 되어 있다
- remind 상기시키다   • show off 자랑하다, 으스대다
- truly 진정으로, 진심으로
- Most of all, we should all **remind** ourselves **that** the purpose of social media is *to make* human connections, *not to show off*.:
  「remind+목적어+that절」은 '~에게 ...을 상기시키다'라는 의미이며 to make와 not to show off는 is의 보어로 쓰인 명사적 용법의 to부정사이다.

7

0 To avoid
1 ②   **2** ①, ②   **3** ③   **4** ③   **5** ③   **6** ②

A We are all familiar with the placebo effect. The placebo effect happens when our symptoms get better, even with fake medicine. The expectation of recovery is enough to trigger a chain of positive reactions in our bodies. Now, the opposite of the placebo effect is the nocebo effect. When people have negative expectations about medication, they can feel side effects. The nocebo effect is a problem because it can <u>reduce</u> the benefits of medication and it interferes with our recovery.

B The nocebo effect can happen by just being informed of the potential side effects of the medication. In New Zealand, the news coverage of a medicine's potential side effects has increased the reports of side-effect cases by 600%. It is also due to the nocebo effect that people blame ordinary, everyday symptoms for their medication. We all have headaches, mild pains, and nausea in our daily lives, and we do not care about them. But with the nocebo effect, we tend to accuse our medication of these symptoms.

C To avoid the nocebo effect, we should understand what triggers our negative reaction. We should ask ourselves if our minor side effects are genuine ones or just the nocebo effect. Also, you can consider minor side effects as a positive sign that the medication is working effectively in your body. This attitude can change uncomfortable feelings into a promising signal, and it will help you to recover.

이 글의 구조와 요약

문제 제기	A	플라세보 효과와 반대인 노세보 효과의 문제 – 약물의 혜택 감소, 회복에 지장
원인 분석	B	노세보 효과의 발생 원인 – 약물의 잠재적 부작용을 듣게 될 때 – 일상적인 가벼운 증상도 약물 탓을 할 때
해결 방안	C	노세보 효과를 방지하는 방법 – 부정적 반응을 일으키는 원인 파악 – 사소한 부작용은 약이 효과적으로 작용하는 긍정적 징후로 생각

전문해석

A 우리는 모두 플라세보 효과에 익숙하다. 플라세보 효과는 가짜 약에도 우리의 증상이 나아졌을 때 일어난다. 회복에 대한 기대는 우리 몸에 일련의 긍정적인 반응을 일으키기에 충분하다. 자, 플라세보 효과의 반대는 노세보 효과이다. 사람들이 약물에 대해 부정적인 예상을 할 때, 그들은 부작용을 느낄 수 있다. 노세보 효과는 약물의 혜택을 감소시킬 수 있고 우리의 회복에 지장을 주기 때문에 문제가 된다.

B 노세보 효과는 약물의 잠재적인 부작용에 대한 정보를 얻는 것만으로도 발생할 수 있다. 뉴질랜드에서는 약의 잠재적인 부작용에 대한 뉴스 보도가 부작용 사례 보고를 600퍼센트 증가시켰다. 그것 또한 사람들이 평범하고 일상적인 증상들을 그들의 약물 탓이라고 비난하는 노세보 효과 때문이다. 우리는 모두 일상생활에서 두통, 가벼운 통증, 메스꺼움을 느끼는데, 그런 것들에 대해 신경 쓰지 않는다. 하지만 노세보 효과로, 우리는 이러한 증상들에 대해 약물을 비난하는 경향이 있다.

C 노세보 효과를 방지하기 위해서, 우리는 무엇이 우리의 부정적인 반응을 일으키는지를 이해해야 한다. 우리는 우리의 가벼운 부작용이 진짜 부작용인지 그저 노세보 효과인지 스스로에게 물어야 한다. 또한, 당신은 가벼운 부작용을 그 약이 사실상 당신의 몸에 효과가 있다는 긍정적인 징후로 생각할 수 있다. 이러한 태도는 불편한 감정을 조짐이 좋은 신호로 바꿀 수 있고 그것은 당신이 회복하는 데 도움이 될 것이다.

0 단락 관계 파악

이 글은 A 에서 플라세보 효과의 반대인 노세보 효과를 소개하며 그것이 왜 문제가 되는지 지적하고, B 에서는 노세보 효과가 발생하게 되는 원인을 분석한 뒤, C 에서 노세보 효과를 방지하는 방법을 제시하는 구조이다.

1 문맥 추론

A 의 마지막 문장은 글쓴이가 노세보 효과의 문제점을 제기하는 내용이므로, 노세보 효과가 약물의 혜택을 '감소시킨다'는 의미가 되어야 한다. 따라서 빈칸에 들어갈 말로 ② '감소시킬'이 가장 적절하다.

① 제공할
③ 획득할
④ 즐길

2 구체적 진술 파악

B 에 노세보 효과를 일으키는 원인이 제시되어 있는데, 약물의 잠재적인 부작용에 대한 정보를 얻게 되거나, 두통·가벼운 통증·메스꺼움 등이 약물 때문이라고 여겨질 때라고 언급되어 있다.

3 요지 파악

문제 제기와 그에 대한 해결 방안 모두 담긴 ③이 글의 요지로 가장 적절하다. 노세보 효과를 이해함으로써 약물에 대한 과한 부정적 반응을 바로잡고 약물의 긍정적인 효과를 기대할 수 있다는 내용이므로, ③ '노세보 효과를 이해하는 것은 약물의 이로운 기능으로 이어진다.'가 글의 요지로 가장 적절하다.

① 우리는 노세보 효과를 진정한 부작용으로 착각해서는 안 된다.
② 노세보 효과와 플라세보 효과는 동일한 작용원리에 의해 일어난다.
④ 두통이나 다른 통증과 같은 가벼운 증상들은 일상 생활의 일부이다.

4 유의어

trigger는 '일으키다, 유발하다, 촉발시키다'를 뜻하며, 이와 거리가 먼 단어는 '비난하다, 탓하다'를 뜻하는 ③ accuse이다.

① 시작하다, 일으키다
② 일으키다
④ 야기하다

5 단어 관계

①, ②, ④는 반대 의미로 짝지어져 있지만 ③은 관련된 의미의 단어들이다.

① 다수의 : 소수의
② 진짜의 : 가짜의
③ 회복 : 약(물)
④ 평범한 : 특별한

6 포괄어

| 두통 | 가벼운 통증 | 메스꺼움 | 체중 감소 |

앞에 제시된 세 단어들은 '증상(symptom)'을 설명하면서 쓴 표현이고, 체중 감소도 증상을 나타내는 표현이다.

① 약, 치유법
③ 보도 (방송)
④ 약

어휘·구문

A

- fake 가짜의 • expectation 예상, 기대 • recovery 회복
- trigger 일으키다, 유발하다, 촉발시키다 • opposite 반대의, 맞은편의
- medication 약(물), 약물 치료 • side effect 부작용
- interfere with ~을 방해하다, 지장을 주다
- The expectation of recovery is *enough* **to trigger** a chain of positive reactions in our bodies.:
  to trigger는 형용사 enough를 수식하는 부사적 용법의 to부정사이다.

B

- potential 잠재적인 • coverage 보도 (방송)
- due to ~ 때문에, ~에 기인하는 • ordinary 평범한, 보통의
- nausea 메스꺼움 • tend to ~하는 경향이 있다
- accuse 비난하다, 고발하다

C

- genuine 진짜의; 진실한 • effectively 효과적으로; 사실상
- attitude 태도, 자세 • promising 조짐이 좋은; 유망한
- To avoid the nocebo effect, we should understand [what triggers our negative reaction].:
  [ ]는 understand의 목적어 역할을 하는 간접의문문으로 의문사 what이 주어로 쓰여 「의문사(주어)+동사+목적어」의 어순을 따르고 있다.

8 　**0** Ａ ⓑ Ｂ There can / ⓓ Ｃ In this / ⓐ
　　1 ③　　　**2** ②　　　**3** ④　　　**4** ③　　　**5** ②

Ａ According to statistics, South Korea is the leader among the countries that have the most cosmetic surgeries per capita. In a 2013 survey, one in five Korean women had cosmetic surgery, while only one in twenty American women had.

Ｂ There can be many possible explanations for this unusual phenomenon. First, in Korea, beauty has economic as well as aesthetic values. In Korea, applicants should submit their resumes with their photos on them. Therefore, applicants cannot but care about their looks. Actually, in many jobs, to look nice is as important as to have good professional skills. Secondly, certain standards of beauty are considered ideal. For example, double eyelids, a small nose, and a V-line chin are typical descriptions of beautiful women. Those who do not have these features are sometimes looked upon as "not being pretty enough." As every woman is not born with these features, many young women have to resort to plastic surgery.

Ｃ In this situation, to accuse women of their craze for cosmetic surgery does not help. Instead of blaming women, we should look into the socioeconomic causes and find more reasonable remedies. For example, the stereotyped beauty standard itself should be changed. Other issues such as the job market standard and the cultural pressure on women should be addressed as well.

이 글의 구조와 요약

문제 제기	A	한국과 미국 여성의 성형수술 비율 비교 – 한국 5명 중 1명, 미국 20명 중 1명
원인 분석	B	한국에서 아름다움의 가치와 획일화된 기준 – 훌륭한 전문적인 능력만큼 외모도 중요 – 이상적인 미의 기준이 있음
해결 방안	C	현재 상황을 개선하는 방안 – 비난 대신 합리적인 해결책을 찾아야 함

전문해석

Ａ 통계에 따르면, 1인당 성형수술을 가장 많이 하는 나라 중 한국이 1등이다. 2013년 조사에서, 한국 여성 5명 중 1명이 성형수술을 받은 반면, 미국 여성 20명 중 1명만이 성형수술을 받았다.

Ｂ 이 흔치 않은 현상에 대해 많은 가능한 설명이 있을 수 있다. 첫째, 한국에서 아름다움은 미적 가치뿐만 아니라 경제적 가치도 가지고 있다. 한국에서, 지원자들은 그들의 사진을 붙인 이력서를 제출해야 한다. 따라서 지원자들은 외모에 신경을 쓰지 않을 수 없다. 사실, 많은 직업에서, 멋지게 보이는 것은 훌륭한 전문적인 능력을 갖추는 것만큼 중요하다. 둘째로, 특정한 미의 기준은 이상적이라고 여겨진다. 예를 들어, 쌍꺼풀, 작은 코, 그리고 V라인의 턱은 아름다운 여성에 대한 전형적인 묘사이다. 이러한 이목구비를 가지고 있지 않은 사람들은 때때로 '충분히 예쁘지 않다'고 여겨진다. 모든 여성이 이러한 이목구비를 가지고 태어나는 것은 아니기 때문에, 많은 젊은 여성들은 성형수술에 의존해야 한다.

Ｃ 이런 상황에서, 여성들의 성형수술 열풍을 비난하는 것은 도움이 되지 않는다. 여성을 탓하기보다는, 사회경제적 원인을 들여다보고 보다 합리적인 해결책을 찾아야 한다. 예를 들어, 정형화된 미의 기준 자체가 바뀌어야 한다. 고용 시장 기준과 여성에 대한 문화적 압력과 같은 다른 문제들 또한 다루어져야 한다.

1 전개 방식 이해

이 글은 에서 한국이 1인당 성형수술을 가장 많이 하는 나라임을 통계 자료를 언급해 제시하고, **B**에서 두 가지 사례를 들어 한국의 사회적 특징을 원인으로 분석한 뒤, **C**에서 성형 열풍 현상에 대한 합리적인 해결책 모색을 제안하는 구조로 되어있다. 따라서, 사례를 대조해서 원인을 분석한다는 ③은 글의 전개 방식으로 적절하지 않다.

2 목적 파악

한국 여성들이 성형수술을 많이 하는 이유에 대해 한국의 사회경제적 원인을 들여다보고 보다 합리적인 해결책을 찾아야 한다는 것이 글쓴이의 주장이다. 따라서 이 글의 목적으로는 ② '성형수술과 관련된 사회적, 문화적 문제를 조사하기 위해서'가 가장 적절하다.
① 현대 사회의 정형화된 미의 기준을 분석하기 위해서
③ 성형수술에 대한 무분별한 의존에 대해 여성들을 비난하기 위해서
④ 한국 기업 채용 절차의 부적절성을 비판하기 위해서

3 요지 파악(속담)

외모가 중시되는 한국 사회 특성상 한국 여성들의 성형수술에 대한 의존도가 높아졌다는 내용이므로, 이 글에 가장 어울리는 속담은 ④ '표지만 보고 책을 판단하지 마라.(겉모습으로 판단하지 마라.)'이다.
① 비가 왔다 하면 억수같이 쏟아진다.(나쁜 일은 한꺼번에 온다.)
② 뒤집지 않은 돌이 없게 하라.(모든 수단을 동원하라.)
③ 구르는 돌에는 이끼가 끼지 않는다.(꾸준히 노력하면 뒤처지지 않는다.)

4 연결어 추론

빈칸 앞뒤로 한국 여성과 미국 여성의 성형수술 비율이 대조되고 있으므로, 대조를 나타내는 연결어 ③ '반면'이 들어가는 것이 가장 적절하다.
① (왜냐하면) ~ 때문에
② ~ 전에
④ ~ 이래로

5 다의어

아름다운 여성을 묘사하는 예시로 쌍꺼풀과 작은 코, 그리고 V라인 턱을 언급하였고, 그러한 것들이 없는 사람들이 아름답지 않다고 여겨질 수 있다고 말했다. 따라서 이 글에 사용된 features는 사람의 시각적인 형태나 외관을 의미하므로 ② '외모적 특징, 외모'가 알맞다.
① 장신구
③ 경험
④ 기능

왜 문제해결 구조로 썼을까?

④

A Whenever you say what you can't do, say what you can do. This ends a sentence on a positive note and has a much lower tendency to cause someone to challenge it. (①)

B Consider this situation—a colleague comes up to you and asks you to look over some figures with them before a meeting they are having tomorrow. (②) You simply say, 'No, I can't deal with this now.' (③) This may then lead to them insisting how important your input is, increasing the pressure on you to give in. (❹)

C
> Instead of that, say to them, 'I can't deal with that now but what I can do is I can ask Brian to give you a hand and he should be able to explain them.'

Or, 'I can't deal with that now but I can find you in about half an hour when I have finished.' (⑤) Either of these types of responses are better than ending it with a negative.

이 글의 구조와 요약

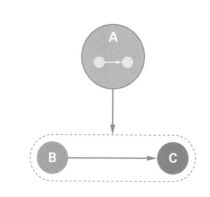

문제와 해결 방안 (주제)	A	할 수 없는 것을 말할 때(문제)마다 할 수 있는 것을 말하라(해결책)
사례 – 문제	B	동료의 요청을 거절하게 되었을 때 상대방의 압박 가능성
– 해결 방안	C	대안 1: 동료에게 다른 동료 추천 대안 2: 절충안 제시

전문해석

A 여러분이 할 수 없는 것을 말할 때마다, 여러분이 할 수 있는 것을 말하라. 이것은 긍정적인 어조로 문장을 마무리하고, 누군가 이의를 제기하도록 만드는 경향을 훨씬 더 낮춘다.

B 직장 동료가 여러분에게 다가와서 내일 열릴 회의 전에 일부 수치들을 검토해 달라고 부탁하는 상황을 생각해 봐라. 여러분이 '안돼요. 지금은 이 일을 할 수 없어요.'라고 간단히 말한다. 그러면 이것은 그들이 여러분의 참여가 얼마나 중요한지 주장하게 만들어, 여러분이 (그 요청을) 들어줄 수밖에 없도록 압박을 더 가할 수 있다.

C 그 대신, '저는 지금 그 일을 할 수 없지만 Brian에게 당신을 도와 주라고 부탁할 수는 있어요. 그러면 그가 그 수치들을 설명해 줄 수 있을 거예요.'라고 그들에게 말해라. 또는, '저는 지금 그 일을 할 수 없지만, 제 일이 끝나면 30분 이내로 당신에게 찾아갈 수 있어요.'라고 말해라. 이런 형태의 대답들 중 어느 것이든 부정적인 어조로 말을 끝내는 것보다 더 낫다.

주어진 문장이 들어갈 위치 판단 ▶ 글의 구조와 주어진 문장의 역할을 파악했는가?

주어진 문장의 성격을 먼저 확인해 본다. Instead of that이란 표현으로 보아, 앞선 말에 대한 대안의 성격임을 알 수 있다. 글의 첫 문장과 마찬가지로 명령문의 형식으로 서술되었다는 점에서 이 글이 문제와 해결의 구조임을 짐작할 수 있다.

A '어떤 상황에서 ~하라'는 첫 문장에서 글쓴이가 조언하기 위해 이 글을 썼음을 알 수 있다. 이어지는 문장에서 조언대로 하게 되면 어떤 점이 좋은지 그 근거를 제시하고 있다.

B 있음 직한 사례로 첫 문장의 의미를 구체화하고 있다. 동료의 요청을 거절하게 되었을 때 생길 수 있는 문제를 언급하고 있음을 포착할 수 있어야 한다. 그렇다면 당연히 문제를 해결할 방법을 적용한 사례가 언급되어야 한다.

C 글의 후반부에 Or는 어떤 내용에 대한 또 다른 선택 사항임을 알아야 한다. 문장의 내용이 글쓴이가 조언한 내용과 부합하기 때문에 이 문장 앞에 주어진 문장이 들어가서 문제에 대한 해결책을 언급하는 단락을 완성해야 한다.

어휘·구문

A
- note 어조   • tendency 경향
- challenge (상대방에게 도전이 될 일을) 요구하다, 이의를 제기하다
- **Whenever** you say [**what** you can't do], say [**what** you can do].:
Whenever는 '~할 때마다'의 의미로, 계속 반복되며 예측할 수 있는 상황을 언급할 때 사용한다. [ ]은 관계대명사 what이 이끄는 명사절로 say의 목적어 역할을 한다.

B
- colleague (직장 등의) 동료   • figure 수치
- insist 고집하다, 주장하다
- input (일, 사업 등을 성공시키기 위한) 조언, (시간/지식 등의) 제공, 투입 조언
- give in 굴복하다, (마지못해) 받아들이다   • response 반응, 대답
- This may then *lead to* them *insisting* [**how** important your input is], {**increasing** the pressure on you to give in}.:
「lead to + 목적어 + -ing」는 '(목적어)가 (결과적으로) ~하게 하다'라는 의미를 나타낸다. [ ]은 의문사 how가 이끄는 명사절로, insisting의 목적어이며 { }은 결과를 나타내는 분사구문이다.

C
- instead of ~ 대신에   • deal with ~을 처리하다
- either of ~ ~ 가운데 어느 한쪽

05

CHAPTER

대립 NO!

1

0 Ⓐ ⓐ Ⓑ ⓒ Ⓒ ⓔ

1 (1) 치타와 가지뿔영양 (2) 둘 다 시속 70마일의 속도로 달릴 수 있다. (3) 치타는 사냥감(먹이)을 잡기 위해, 가지뿔영양은 포식자로부터 달아나기 위해 빨리 달린다.　　**2** ④　　　**3** ②　　　**4** ③

5 the cheetah, the pronghorn antelope　　**6** One, The other

Ⓐ People usually believe that the cheetah is the fastest running animal on Earth. However, this is only partially correct. The truth is that there are two fastest running animals on Earth. One is, of course, the cheetah, and the other is the pronghorn antelope in North America.

Ⓑ The cheetah can run at a top speed of 70 miles per hour. The cheetah had better run fast, because in the grasslands of Africa, its natural habitat, it must outrun its prey to catch them. The other fastest animal, the pronghorn antelope, can also run at 70 miles per hour. Interestingly, in North America, the pronghorn antelope, a prey, is the fastest, while in Africa a predator is the fastest. This fact indicates that there must have been a now-vanished predator for the pronghorn antelope to evolve to run so fast.

Ⓒ Therefore, the cheetah and the pronghorn antelope run fast for opposite reasons; one sprints fast to catch its prey, while the other runs fast to escape from its predator.

이 글의 구조와 요약

통념과 반박	A	가장 빨리 달리는 동물이 치타라는 믿음 실제로는 가장 빨리 달리는 두 동물이 존재함
근거	B	아프리카 초원의 치타 – 사냥감(먹이)을 잡기 위해 시속 70마일의 최고 속도로 달릴 수 있음 북아메리카의 가지뿔영양 – 역시 시속 70마일로 달릴 수 있는데, 이는 이전에 그 정도로 빨리 달렸던 포식자가 있었을 것으로 추측
결론	C	지구상에서 가장 빨리 달리는 두 동물은 정반대의 이유로 빨리 달림

전문해석

Ⓐ 사람들은 보통 치타가 지구상에서 가장 빨리 달리는 동물이라고 믿는다. 그러나 이것은 부분적으로만 옳다. 진실은 지구상에는 가장 빨리 달리는 두 동물이 있다는 것이다. 한 동물은 물론 치타이고, 다른 한 동물은 북아메리카에 사는 가지뿔영양이다.

Ⓑ 치타는 시속 70마일의 최고 속도로 달릴 수 있다. 치타는 빨리 달려야 하는데, 왜냐하면 자연 서식지인 아프리카 초원에서 치타는 사냥감(먹이)을 잡기 위해 그들(사냥감)보다 더 빨리 달려야 하기 때문이다. 또 다른 가장 빠른 동물인 가지뿔영양도 시속 70마일로 달릴 수

있다. 흥미롭게도, 북아메리카에서는 먹이인 가지뿔영양이 가장 빠른데, 아프리카에서는 포식자가 가장 빠르다. 이 사실은 가지뿔영양이 그렇게 빨리 달리도록 진화하기 위해서는 지금은 사라진 포식자가 틀림없이 있었다는 것을 말해준다.

Ⓒ 따라서, 치타와 가지뿔영양은 정반대의 이유로 빨리 달린다. 즉, 한 동물은 사냥감(먹이)을 잡기 위해 빨리 달리는 반면, 다른 동물은 포식자로부터 달아나기 위해 빨리 달린다.

0 단락 관계 파악

이 글은 **A**에서 가장 빠른 동물이 하나일 것이라는 통념을 뒤집어 둘임을 주장하고, **B**에서는 그 근거를 제시하며 구체적으로 설명한 뒤, **C**에서는 결론을 내리며 마무리하는 구조로 되어 있다. 통념을 표현하는 People usually believe (that)와 반박을 예고하는 연결어 However와 뒤에 이어지는 only partially correct, 그리고 The truth is (that)은 이 글의 구조를 보여주는 중요한 시그널이다.

1 구체적 진술 파악

(1) 치타와 가지뿔영양을 비교하고 있다.
(2) 두 동물의 공통점은 시속 70마일의 속도로 달릴 수 있는, 지구상에서 가장 빨리 달리는 동물이라는 것이다.
(3) 두 동물의 차이점은 빨리 달리는 이유인데, 치타는 사냥감(먹이)을 잡기 위해서, 가지뿔영양은 달아나기 위해서이다.

2 내용 불일치

가지뿔영양이 빠른 속도로 달릴 수 있는 것으로 보아 예전에 이만큼 빠른 포식자가 있었을 것이라는 추측은 가능하지만, 가지뿔영양의 빠른 속도 때문에 포식자가 멸종했는지는 알 수 없으므로 ④는 내용과 일치하지 않는다.
① **B**에서 치타와 가지뿔영양 둘 다 시속 70마일의 속도로 달릴 수 있음을 알 수 있다.
② **B**의 두 번째 문장 it must outrun its prey to catch them에서 알 수 있다.
③ **B**의 네 번째 문장 the pronghorn antelope, a prey, is the fastest에서 알 수 있다.

3 제목 파악

세상에서 가장 빨리 달리는 동물이 치타뿐만 아니라 가지뿔영양도 있음을 소개하며 각자의 이유로 가장 빨리 달린다고 설명하는 내용의 글이므로, ② '세상에서 가장 빠른 두 동물'이 글의 제목으로 가장 적절하다.
① 동물의 진화
③ 포식자와 사냥감(먹이) 사이의 관계
④ 동물 최적의 서식지: 아프리카 혹은 북아메리카

4 단어 관계

①, ②, ④는 반대 의미로 짝지어져 있지만 ③은 비슷한 의미의 단어들이다.
① 잡다 : 풀어 주다
② 포식자 : 사냥감(먹이)
③ ~보다 빨리 뛰다 : 추월하다, 앞지르다
④ 반대의 : 비슷한

5 one, the other: (둘 중) 하나는, 다른 하나는

두 개의 대상에서 하나와 나머지 하나를 언급할 경우, 부정대명사 one(하나는)과 the other(다른 하나는)로 표현한다. 먹이를 잡기 위해 빨리 달리는 동물은 치타, 포식자로부터 도망치는 동물은 가지뿔영양이므로, one이 가리키는 것은 the cheetah, the other가 가리키는 것은 the pronghorn antelope이다.

6 one, the other: (둘 중) 하나는, 다른 하나는

> 만성적인 수면 부족은 보통 두 가지 결과를 가져온다. 하나는 그것이 우리의 기억력과 집중력에 손상을 준다는 것이다. 다른 하나는 그것이 우리의 스트레스 호르몬 수치를 증가시킴으로써 신체의 정상적인 신진대사의 장애를 초래한다는 것이다.

수면 부족의 결과 두 가지를 언급하고 있으므로, 빈칸에는 순서대로 One(하나는)과 The other(다른 하나는)가 들어가는 것이 가장 적절하다.

어휘 · 구문

A
- partially 부분적으로, 일부분은   • truth 진실, 사실
- **One** is, of course, the cheetah, and **the other** is the pronghorn antelope in North America.:
「one ~, the other ...」 구문으로 '(둘 중에서) 하나는 ~, 다른 하나는 …'를 의미한다.

B
- had better ~하는 게 더 낫다   • habitat 서식지
- outrun ~보다 더 빨리 달리다   • prey 사냥감, 먹이
- interestingly 흥미롭게도   • predator 포식자, 포식 동물
- indicate 나타내다, 가리키다   • vanish 사라지다, 없어지다
- evolve 진화하다, 발달하다
- This fact indicates that there **must have been** a now-vanished predator for the pronghorn antelope to evolve to run so fast.:
「조동사+have+과거분사」 구문은 원래 조동사의 의미를 그대로 가지면서 시제가 과거가 되는 것이다.
ex. must have p.p.: ~했음에 틀림없다(과거 사실에 대한 강한 추측)
    may[might] have p.p.: ~했을지도 모른다(과거 사실에 대한 약한 추측)
    should[ought to] have p.p.: ~했어야 한다(과거 사실에 대한 후회)
    can't have p.p.: ~했을 리가 없다(과거 사실에 대한 의심)

C
- opposite (정)반대의   • sprint 전력 질주하다
- escape 달아나다, 도망하다

2

0 Ⓐ ⓒ Ⓑ ⓐ Ⓒ ⓑ

1 ③ **2** ① **3** ② **4** ③ **5** ③ **6** (1) not only, but also (2) neither, nor

Ⓐ As the "Silk Road" is a well-known term, many people think they know well what it is all about. They assume that the Silk Road is a single road from China to Europe through which Chinese goods, including silk, traveled to the west. However, this understanding is only partially correct.

Ⓑ The Silk Road was neither an actual road nor a single route. It was a network of routes used by traders for more than 1,500 years from when the Han dynasty of China opened trade with the West until when the Ottoman Empire blocked trade with the West. ③ Some historians preferred the term "Silk Routes" because it better reflects the various paths used by traders.

Ⓒ It is also important to realize that not only goods traveled along the Silk Road. Silk, porcelain, tea, and spices traveled from the East to the West, and in exchange, horses, glassware, and textiles traveled from the West to the East. But religion, ideas, technologies, and even diseases also spread along the Silk Road. Gunpowder from China changed the very nature of the battle and quickened the fall of the knight class and the rise of the bourgeois. Also, the Plague in the fourteenth century that devastated Europe and caused the collapse of the Middle Age order is believed to have spread from the East to Europe.

이 글의 구조와 요약

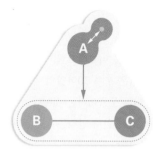

통념과 반박	A	Silk Road에 대한 사람들의 부정확한 이해 – 중국에서 유럽으로 가는 유일한 길 – 그 길로 중국 물품들이 서쪽으로 이동함 → 이런 이해는 부분적으로만 옳음
근거	B	Silk Road란 무엇인가 – 실제 길도 아니고 유일한 노선도 아님 – 1500년 이상 무역상들이 이용한 '노선망'이며, 일부는 '실크루트'라는 용어를 선호함
	C	Silk Road를 통한 교역과 그 영향 – 동서양 양쪽으로 다양한 물품이 교환됨 – 물품 외의 것들도 전파되어 사회 변화를 초래함

전문해석

Ⓐ '실크로드'가 잘 알려진 용어이기 때문에, 많은 사람들은 그들이 그것이 무엇인지 잘 안다고 생각한다. 그들은 실크로드가 중국에서 유럽으로 비단을 포함한 중국 물품들이 서쪽으로 이동했던 유일한 길이라고 추정한다. 그러나 이러한 이해는 오로지 부분적으로만 옳다.

Ⓑ 실크로드는 실제 길도 아니고 유일한 노선도 아니었다. 그것은 중국 한 왕조가 서양과 무역을 시작해서 오스만 제국이 서양과의 무역을 봉쇄할 때까지 1500년 이상 무역상들이 이용한 노선망이었다. 일부 역사학자들은 '실크루트'라는 용어를 선호했는데, 그 용어가 무역상들이 이용했던 다양한 길이라는 것을 더 잘 반영하기 때문이었다.

Ⓒ 실크로드를 따라 물품만 이동한 것이 아니라는 것을 깨닫는 것 또한 중요하다. 비단, 도자기, 차, 향신료는 동양에서 서양으로, 그리고 교환으로 말, 유리그릇, 직물은 서양에서 동양으로 이동했다. 하지만 종교, 사상, 기술, 그리고 심지어 질병도 실크로드를 따라 퍼져나갔다. 중국에서 들어온 화약은 전투의 본질을 바꿨고, 기사 계급의 몰락과 중산층의 부상을 가속화했다. 또한, 유럽을 황폐화하고 중세 질서의 붕괴를 야기한 14세기의 페스트가 동양에서 유럽으로 전파된 것으로 여겨진다.

0 단락 관계 파악

이 글은 **A**에서 실크로드에 대한 사람들의 이해가 부정확함을 주장한 뒤, **B**에서 실크 로드의 실제 개념을 자세히 설명해주고, **C**에서는 실크 로드를 통한 교역품과 그 영향에 대해 구체적으로 언급하는 구조를 통해, 실크 로드에 대한 정확한 이해를 돕고 있다.

1 주어진 문장 넣기

> 일부 역사학자들은 '실크루트'라는 용어를 선호했는데, 그 용어가 무역상들이 이용했던 다양한 길이라는 것을 더 잘 반영하기 때문이었다.

실크로드는 중국과 서양을 오가는 무역상들이 1500년 이상 이용했던 노선망을 말한다. 주어진 문장은 일부 역사학자들이 그 의미를 명확히 드러낼 수 있는 '실크루트'라는 용어를 선호한다는 내용으로, 실크로드에 대한 정확한 의미가 제시된 문장 다음인 ③에 들어가는 것이 가장 적절하다.

2 내용 불일치

B의 첫 문장 The Silk Road was neither an actual road nor a single route.에서 실크로드는 실제 길도 아니고 중국에서 유럽으로 가는 유일한 노선도 아니라고 했으므로, ①은 글의 내용과 일치하지 않는다.

3 제목 파악

실크로드에 대해 사람들이 잘못 이해하고 있는 부분을 지적하고 실크로드가 무엇인지 정확히 알려주는 내용의 글이므로, ② '실크로드에 관한 사실'이 제목으로 가장 적절하다. 실크로드를 설명하는 과정에서 그것이 미친 영향을 언급하고 있는데, 이 내용은 실크로드에 관한 사실을 설명하는 한 부분에 해당하므로 ④는 답으로 적절하지 않다.

① 실크로드의 역사
③ 실크로드의 경제적 가치
④ 실크로드가 사회 변화에 미치는 영향

4 의미 추론

partially는 '부분적으로, 불완전하게'라는 뜻으로 완전하지 못함을 뜻한다. 따라서 partially의 의미로 가장 적절한 것은 ③ '어느 정도 하지만 완전히는 아닌'이 된다.

① 모든 가능한 방법으로
② 일반적 또는 기본적인 방법으로
④ 매우 정확한 설명에 따라

5 유의어

devastate는 '황폐화하다'라는 뜻이며, ③ preserve는 '보존하다'라는 뜻으로 반의어이므로 바꾸어 쓸 수 없다.

① 파멸시키다
② 파괴하다
④ 제압하다, 궤멸시키다

6 neither A nor B, not only A but also B

(1) 정치 만화를 분석함으로써, 독자들은 사회 문제뿐만 아니라 만화의 기반이 되는 역사적 배경에 대해서도 배울 수 있다.
→ 사회 문제와 역사적 배경 둘 다에 대해 배울 수 있다고 해야 문맥이 자연스럽게 완성된다. 따라서, 빈칸에는 'not only ~ but also'가 들어가야 한다.
(2) TV를 보거나 비디오 게임을 즐기는 편이 아니기 때문에, 나는 자유시간에 주로 책을 읽거나 산책을 한다.
→ TV 시청과 비디오 게임 하기 둘 다 좋아하지 않는다고 해야 뒤의 내용과 자연스럽게 연결되므로, 빈칸에는 'neither ~ nor'를 쓰는 것이 적합하다.

어휘 · 구문

A

- well-known 잘 알려진, 유명한   • term 용어, 말
- assume 추정하다   • including ~을 포함한

B

- route 노선, 길   • dynasty 왕조
- empire 제국   • block 봉쇄하다   • prefer 선호하다
- reflect 반영하다, 나타내다   • path 길

- The Silk Road was **neither** an actual road **nor** a single route.:
「neither A nor B」 구문으로, 'A도 B도 아닌'이라는 의미로 부정의 뜻을 내포하기 때문에 not을 또 쓰지 않도록 주의한다. 이 구문이 주어로 쓰이면 B에 동사의 수를 일치시킨다.
ex. Neither he nor I **am** blamed for the failure.
- It was *a network of routes* [**used** by traders for *more than 1,500 years* {from when the Han dynasty of China opened trade with the West until when the Ottoman Empire blocked trade with the West}].:
It은 Silk Road를 가리키며 [ ]는 앞의 a network of routes를 수식하는 과거분사구이다. { }는 more than 1,500 years를 수식하여 '~할 때부터 …할 때까지 1,500년 이상 동안'이라고 해석한다.

C

- porcelain 도자기   • spice 향신료, 양념
- in exchange ~와 교환으로, ~의 대신으로   • gunpowder 화약
- quicken 빠르게 하다, 속력을 더하다   • knight (중세의) 기사
- bourgeois 중산층의, 부르주아 계급의
- devastate 황폐화하다, 완전히 파괴하다

3

A The Palace of Versailles is regarded as one of the most luxurious and artistic palaces in the world. However, it was also once one of the dirtiest places because it did not have toilets when it was first built.

B Versailles was a small town near Paris and did not have a sewage system when the construction of the palace began. Therefore, toilets could not be built inside the palace. In place of toilets, the royal family used their private pots, and some visitors brought their own pots to use as toilets. However, servants and other visitors had to find corners, hallways, and gardens of the palace to use as their toilets. As a result, the palace looked <u>beautiful</u> but smelled <u>awful</u>. The problem became so serious that Louis XIV ordered that the palace hallways be cleaned every week. ④ <u>The king also placed a sign, or an "etiquette," which originally meant "keep off the grass" to forbid people from entering the gardens.</u>

C In 1768, after 144 years of its construction, the palace finally began to add toilets to its buildings. It is ironic that a necessity such as a toilet was not on the architect's priority list, while much more care was given to the construction of luxury facilities such as the opera house and ballrooms.

이 글의 구조와 요약

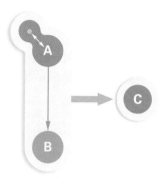

통념과 반박	A	베르사유 궁전은 세계에서 가장 호화롭고 예술적인 궁전 중 하나 처음 지어졌을 당시 궁전 내 화장실이 없어 가장 더러운 장소 중 하나였음
근거	B	궁전에 화장실을 지을 수 없었던 배경 – 하수 시설이 없던 곳에 궁전을 건설함 화장실이 없어 겪게 된 상황 – 여러 사람들이 궁전 곳곳을 화장실로 이용 → 궁전은 아름다웠지만 지독한 냄새가 남 – 루이 14세가 냄새를 해결하려고 노력함
결론	C	궁전 건설 후 144년이 지난 뒤에야 건물 내에 화장실이 만들기 시작함 – 궁전 내 호화 시설에만 집중하고, 필수 시설이 우선순위에서 빠졌다는 점은 모순적임

전문해석

A 베르사유 궁전은 세계에서 가장 호화롭고 예술적인 궁전 중 하나로 여겨진다. 하지만 이곳은 또한 처음 지어졌을 당시 화장실이 없었기 때문에 한때 가장 더러운 장소 중 하나였다.

B 베르사유는 파리 근처의 작은 마을이었고 궁전 건설이 시작되었을 때 하수 시설이 갖춰져 있지 않았다. 그래서, 화장실은 궁전 안에 지어질 수 없었다. 화장실 대신 왕실은 개인 변기를 사용했고, 일부 방문객들은 화장실로 사용하기 위해 자신의 변기를 가져왔다. 하지만, 하인들과 다른 방문객들은 그들의 화장실로 사용하기 위해 궁전의 구석, 복도, 정원을 찾아야 했다. 결과적으로, 그 궁전은 <u>아름다웠</u>지만 지독한 냄새가 났다. 그 문제가 너무 심각해져서 루이 14세는 궁전 복도를 매주 청소하도록 명령했다. <u>왕은 또한 '에티켓' 같은 표지판을 세워 두었는데, 그것은 원래 사람들이 정원에 들어가는 것을 막기 위해 '잔디밭에 들어가지 마시오'라는 의미였다.</u>

C 궁전이 건설되고 144년이 지난 1768년, 궁전은 마침내 건물에 화장실을 만들기 시작했다. 오페라 하우스, 무도회장과 같은 호화 시설 건설에 훨씬 더 많은 관심을 기울인 반면, 화장실과 같은 필수 시설이 건축가의 우선순위 목록에 없었다는 것은 모순적이다.

0 단락 관계 파악

이 글은 **A**에서 통념과 반박, **B**에서 반박의 근거, **C**에서 결론을 제시하는 구조이다. **B**에서는 베르사유 궁전에 화장실이 없었던 배경과 그로 인해 겪게 된 문제, 동원된 해결 방안이 구체적으로 언급되어 있는데, 이는 **A**의 베르사유 궁전이 호화롭고 예술적이라는 통념에 대해 한때 가장 더러운 장소 중 하나였다고 반박하는 주장을 뒷받침하는 내용이다.

1 주어진 문장 넣기

> 왕은 또한 '에티켓' 같은 표지판을 세워 두었는데, 그것은 원래 사람들이 정원에 들어가는 것을 막기 위해 '잔디밭에 들어가지 마시오'라는 의미였다.

주어진 문장은 루이 14세가 궁전 내 지독한 냄새 문제를 해결하기 위해 생각한 방법으로, also로 보아 이미 앞에 언급된 방법이 있음을 알 수 있다. 따라서 매주 궁전 복도를 청소하게 했다는 내용 다음인 ④에 들어가는 것이 가장 적절하다.

2 내용 일치

B의 뒷부분에 궁전 내 악취를 없애기 위한 루이 14세의 노력이 언급되어 있다. 그는 매주 복도 청소를 지시했고 '에티켓' 표지판을 세워 두었으므로, ③이 글의 내용과 일치한다.
① **B**의 첫 문장에서 하수 시설이 없었음을 알 수 있다.
② **B**의 두 번째 문장에서 궁전 내에 화장실이 만들어지지 않았음을 알 수 있다.
④ **C**의 첫 번째 문장에서 1768년에 화장실을 만들기 시작했다고 했으므로 현재는 마련되어 있음을 유추할 수 있다.

3 제목 파악

베르사유 궁전을 호화롭고 예술적인 장소로만 여기는 사람들의 통념을 반박하며, 건설 당시 화장실을 만들지 못해 겪었던 베르사유 궁전의 위생 문제와 그것을 해결하기 위한 임시 방안을 소개하는 내용의 글이다. 따라서 글의 제목으로 ④ '베르사유의 일급 비밀 중 하나'가 가장 적절하다.
① 베르사유에서의 에티켓
② 베르사유의 역사
③ 베르사유: 그 장엄함과 화려함

4 빈칸 추론

베르사유 궁전은 가장 호화롭고 예술적인 궁전 중 하나였지만, 화장실이 없어 궁전의 이곳 저곳에다 용변을 처리해야 했으므로 빈칸 (A)에는 beautiful(아름다운)이, (B)에는 awful(지독한, 끔찍한)이

들어가는 것이 가장 적절하다.
① 깨끗한 – 달콤한
② 추한 – 이상한
③ 오래된 – 상쾌한

5 의미 추론

necessity의 예시는 화장실, luxury facilities의 예시는 오페라 하우스, 무도회장인 것으로 보아, necessity는 반드시 있어야 할 것을 의미하고, luxury facilities는 필수적이라기보다는 있으면 좋은 것으로 이해할 수 있다. 따라서 자신에게 없어서는 안 될 필수적인 것이 무엇인지 생각해 보자.

어휘·구문

A
- be regarded as ~로 여겨지다 • luxurious 호화로운, 아주 편안한
- artistic 예술적인, 아름다운

B
- sewage 하수, 오물 • construction 건설, 공사
- in place of ~ 대신에 • pot 그릇, 통
- awful 지독한, 끔찍한 • originally 원래, 본래
- forbid A from -ing A가 ~하지 못하게 하다, 금지하다
- The problem became so serious that Louis XIV **ordered** that the palace hallways **be cleaned** every week.:
  요구, 제안, 요구, 주장, 명령의 동사가 쓰일 경우 「주어+suggest, ask, request, insist, order ...+that+주어+(should+) 동사원형」의 형태로 쓴다. 이때 that절이 당위성의 의미가 있을 경우에만 「(should+) 동사원형」이 온다.
  ex. He insisted that we (**should**) **be** more honest with each other.
  → 당위성 O
  Jim insisted that his son **had seen** a UFO that night.
  → 당위성 X

C
- add 추가하다, 덧붙이다 • ironic 역설적인, 모순적인
- necessity 필수품, 필요 • priority 우선순위
- luxury 호화(의) • facilities 시설, 설비
- **It** is ironic [**that** *a necessity* {such as a toilet} was not on the architect's priority list, while much more care was given to the construction of *luxury facilities* {such as the opera house and ballrooms}].:
  It이 가주어, [ ]의 that절이 진주어인 문장이다. [ ] 안에서 such as ~는 '예를 들면, ~와 같은'의 의미로 각각 앞의 명사구 a necessity, luxury facilities를 수식한다. while 이하는 수여동사 give가 수동태로 쓰인 문장으로, 직접목적어가 수동태 문장의 주어가 될 경우 간접목적어 앞에 전치사를 붙여주어야 하므로 was given to가 쓰였다.

4 **0** Ⓐ ⓒ Ⓑ ⓑ

1 모의 수술, 모의 자동차 충돌 테스트, 가상 모델 하우스   **2** ③   **3** ②   **4** ③   **5** ③

Ⓐ Many people regard virtual reality (VR) only as an interesting toy because they usually encounter VR in games on a PC or in virtual reality experiences of famous tourist spots.

Ⓑ However, the development of VR technology is rapidly changing the real world. For example, VR is enabling doctors to exercise difficult operations before they perform real operations. In Singapore, doctors used a VR tool to prepare for a difficult operation to separate Siamese twins. The operation was a huge success. For another example, automakers are using VR in crash tests. This is not only 98% accurate, but it also saves a lot of money because no real vehicles are actually destroyed in the tests. Architects are also using VR technology to build virtual model homes. Through VR model homes, buyers can understand better what it would be like to live in the actual homes. Also, VR homes are far cheaper to build than real model homes. Thus, VR homes are becoming one of the most important marketing tools. In this way, VR is already changing our real lives at the forefront of the development of technologies.

이 글의 구조와 요약

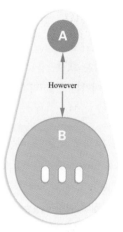

통념	A	VR에 대한 일반 사람들의 인식 – VR을 흥미로운 장난감으로 여김
반박과 근거	B	VR 기술의 발전은 현실 세계를 빠르게 변화 시키고 있음 VR의 실생활 적용 사례 – 모의 수술, 모의 자동차 충돌 테스트, 가상 모델 하우스

전문해석

Ⓐ 많은 사람들이 가상현실(VR)을 흥미로운 장난감으로만 여기는 데, 그들이 VR을 주로 PC 게임에서나 유명 관광지의 가상현실 체험에서 접하기 때문이다.

Ⓑ 그러나, VR 기술의 발전은 현실 세계를 빠르게 변화시키고 있다. 예를 들어, VR은 의사들이 실제 수술을 하기 전에 어려운 수술을 연습할 수 있게 한다. 싱가포르에서, 의사들은 샴쌍둥이를 분리하는 어려운 수술을 준비하기 위해 VR 도구를 사용했다. 그 수술은 대성공이었다. 또 다른 예로, 자동차 회사들은 충돌 테스트에 VR을 사용하고 있다. 이것은 98퍼센트 정확할 뿐만 아니라 진짜 차량이 테스트에서 실제로 파괴되지 않기 때문에 많은 비용을 절약한다. 건축가들은 또한 가상 모델 하우스를 짓기 위해 VR 기술을 사용하고 있다. VR 모델 하우스를 통해 구매자들은 실제 집에서 살면 어떨지 더 잘 이해할 수 있다. 또한, VR 모델 하우스는 실제 모델 하우스보다 짓기에 훨씬 저렴하다. 따라서 VR 모델 하우스는 가장 중요한 홍보 수단 중 하나가 되고 있다. 이러한 방식으로, VR은 이미 기술 발전의 선두에서 우리의 실제 삶을 변화시키고 있다.

1 구체적 진술 파악

A에서 VR에 대한 사람들의 일반적인 생각을 언급하고, B에서 VR 기술이 우리의 실제 삶을 변화시키고 있다고 말하면서 일반적 생각에 대해 반박하고 있는 구조이다. 반박의 근거로 의료, 자동차, 건축 분야에서 활용되는 VR 기술을 제시하고 있는데, 각각 모의 수술, 모의 자동차 충돌 테스트, 가상 모델 하우스를 언급하고 있다.

2 내용 불일치

B의 두 번째 사례에서 This is not only 98% accurate라고 제시하면서 정확도가 상당히 높음을 언급했을 뿐 이것이 실제보다 정확한지에 대해서는 언급되어 있지 않다. 따라서 ③은 글의 내용과 일치하지 않는다.

① A의 첫 번째 문장 Many people regard virtual reality (VR) only as an interesting toy에서 알 수 있다.

② B의 두 번째 문장 VR is enabling doctors to exercise difficult operations before they perform real operations에서 알 수 있다.

④ B의 뒷부분 VR homes are far cheaper to build than real model homes에서 알 수 있다.

3 제목 파악

VR 기술의 발전으로 우리의 실제 삶이 크게 변화하고 있음을 여러 사례를 들어 설명하고 있는 글이므로, 글의 제목으로 ② '실생활에서의 VR의 사용 증가'가 가장 적절하다.

① 게임 산업에서 VR의 역할

③ 산업에서 VR의 경제적 가치

④ 차량에 사용되는 다양한 종류의 VR

4 문맥 추론

주어진 글은 '많은 사람들'의 생각과 믿음, 즉 통념을 제시하는 부분이므로, '생각하다, 여기다, 치부하다, 간주하다' 등을 의미해야 빈칸에 들어갈 말로 적절하다. ③ enable은 '가능하게 하다'라는 뜻으로 빈칸에 들어갈 말로 적절하지 않다.

① 여기다, 치부하다

② 생각하다

④ 여기다, 간주하다

5 의미 추론

forefront는 '선두, 맨 앞'을 뜻하는 명사이다. 이 의미를 설명하는 것은 ③ '맨 앞'이다.

① 조기, 초창기

② 숨겨진 장소(은신처)

④ 전방의 반대쪽

어휘·구문

A
- regard 여기다, 간주하다 • virtual (컴퓨터를 이용한) 가상의
- encounter 맞닥뜨리다, 접하다 • spot 곳, 장소

B
- rapidly 빠르게 • enable ~을 할 수 있게 하다
- operation 수술 • perform 행하다, 실시하다
- separate 분리하다, 나누다 • huge 거대한, 엄청난
- accurate 정확한, 정밀한 • vehicle 차량, 수단
- architect 건축가 • forefront 선두, 맨 앞

- For example, VR is **enabling** doctors **to exercise** difficult operations before they perform real operations.:
「enable A+to 부정사」 구문으로 'A가 ~할 수 있게 하다'라는 의미이다.

- This is **not only** 98% accurate, **but** it **also** saves a lot of money because no real vehicles are actually destroyed in the tests.:
「not only A but also B」 구문으로 'A ~뿐만 아니라 B도'라는 의미이며 「B as well as A」로 바꾸어 쓸 수 있다.

5

0 ②

1 ③ **2** ④ **3** ③

4 Seward's folly / the most profitable deal

Ⓐ Alaska was a cold, barren, frozen land inhabited by Inuit and other peoples before Russia took it over in the mid-eighteenth century. As the land was worthless to them, Russia first approached the United States to sell the land. So, when William Seward, US Secretary of State, purchased Alaska from Russia, people called the deal "Seward's folly." They laughed at Seward for his foolishness to spend so much money on the cold, worthless land. The Senate approved the deal on the first vote. There were 37 votes in favor and 2 against.

Ⓑ However, Alaska, "Seward's Icebox" proved to be a good investment. After the US bought Alaska, much gold was discovered. People rushed to Alaska to become rich, and Alaska prospered. After that, crude oil, the modern "gold," was found in Alaska. The oil is now transported across the country through pipelines, and Alaska's oil has become one of the main resources of America. In case other resources should be found in Alaska's unexplored parts, the worth of Alaska would increase more.

Ⓒ But for "Seward's folly," the US would have lost the most profitable deal in history. Seward bought Alaska for just $7.2 million in 1867. How much would Alaska be worth today? It is estimated that Alaska would be worth $15 trillion today, almost 2080 times its original price!

이 글의 구조와 요약

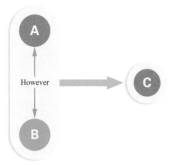

통념	A	러시아로부터 알래스카를 구입한 미국 – 어리석은 거래로 '수어드의 바보짓'이라 비난을 받음
반박과 근거	B	훌륭한 투자였음이 밝혀짐 – 구입 후 알래스카에서 다량의 금과 원유가 발견됨
결론	C	알래스카 구입은 최고의 투자였음 – 구매 당시보다 약 2080배의 가치가 됨

전문해석

Ⓐ 18세기 중반 러시아가 차지하기 전까지, 알래스카는 이누이트족과 기타 여러 종족들이 사는 춥고, 황량하고, 얼어붙은 땅이었다. 자신들에게는 쓸모가 없었기 때문에 러시아가 그 땅을 팔기 위해 미국에게 먼저 접촉해왔다. 그래서, 미국 국무장관인 윌리엄 수어드가 러시아로부터 알래스카를 구입했을 때, 사람들은 그 거래를 '수어드의 바보짓'이라고 불렀다. 춥고 쓸모없는 땅에 그렇게 많은 돈을 지불한 그의 어리석음에 대해 수어드를 비웃었던 것이다. 상원은 첫 번째 표결에서 그 거래를 승인했다. 찬성이 37표에 반대가 2표였다.

Ⓑ 그러나, '수어드의 아이스박스' 알래스카는 훌륭한 투자였음이 입증되었다. 미국이 알래스카를 구입한 후 많은 양의 금이 발견되었다. 사람들은 부자가 되기 위해 알래스카로 몰려갔고, 알래스카는 번성했다. 그 이후, 현대판 '금'인 원유가 알래스카에서 발견되었다. 지금 그 석유는 송유관을 통해 전국으로 운송되고 있으며, 알래스카의 석유는 미국의 주요 자원 중 하나가 되었다. 알래스카의 탐사되지 않은 지역에서 다른 자원들이 발견된다면, 알래스카의 가치는 더욱 상승할 것이다.

Ⓒ '수어드의 바보짓'이 없었다면, 미국은 역사상 가장 수익성이 좋은 거래를 놓쳤을 것이다. 수어드는 1867년에 알래스카를 단 720만 달러에 사들였다. 현재 알래스카의 가치는 얼마나 될까? 알래스카는 15조 달러의 가치가 있을 것으로 추정된다. 처음 가격의 거의 2080배나 된다!

0 전개 방식 이해

A에서 알래스카 매입에 대한 사람들의 인식을 언급하고, **B**에서 그러한 사람들의 생각이 바뀌게 된 계기를 제시한 뒤, **C**에서 알래스카의 현재 가치가 어느 정도인지 평가하고 있는 구조이다. 알래스카 매입 후에 금과 원유가 발견되었다는 사실은 언급되어 있지만, 개발 과정에 대한 설명은 언급되어 있지 않으므로 ②는 글의 전개 방식으로 적절하지 않다.

1 빈칸 추론

빈칸 앞에는 미국인들이 알래스카 구입을 비웃었다는 내용이 있고, 뒤에는 알래스카에서 금과 원유가 발견되었다는 내용이 있다. 빈칸 앞뒤로 서로 상반되는 내용이 역접의 연결어 However로 이어지고 있으므로 빈칸에는 ③ '수어드의 아이스박스' 알래스카는 훌륭한 투자였음이 입증되었다'가 들어가는 것이 가장 적절하다.
① 수어드는 그 북극곰의 땅을 사지 않았어야 했다
② 미국인들은 상원의 결정을 받아들이지 않았다
④ 미국 의회는 알래스카 구입에 반대 투표를 했다

2 제목 파악

비웃음을 샀던 알래스카 구입이 나중에 수익성이 좋은 거래였음이 밝혀졌다는 내용의 글이므로, ④ '큰 이익으로 바뀐 어리석은 구입'이 글의 제목으로 가장 적절하다.
① 미국 상원의 현명한 결정
② 알래스카와 러시아의 역사
③ 알래스카의 발견되지 않은 보물들

3 But for 가정법

but for는 '~가 없었다면'을 뜻하는 전치사구로, 가정법 문장에 쓴다. 비슷한 의미와 용법으로 쓸 수 있는 것이 Without이다.
① ~ 후에
② ~너머, ~ 위에
③ ~없다면, ~없이
④ 왜냐하면

4 재진술

알래스카 구입에 대한 사람들의 인식은 비웃음에서 칭찬으로 바뀌었다. 처음에는 어리석은 결정이었다고 'Seward's folly(수어드의 바보짓)'라고 조롱했지만, 금과 원유가 발견된 후 the most profitable deal(가장 수익성 좋은 거래)이라고 표현하고 있다. 또한 빈칸에 들어갈 문장에서도 'Seward's Icebox(수어드의 아이스박스)'가 a good investment(훌륭한 투자)로 판명되었다며 사람들의 인식 변화를 표현하고 있다.

6

0 Ⓐ ⓑ Ⓑ ⓒ Ⓒ ⓐ

1 ① **2** ①

3 패배를 앞둔 상황에서 극적으로 살라미스 전투를 치르게 됨, 살라미스 전투에서 승리하여 페르시아로부터 그리스를 구함

4 ① **5** (1) advance (2) seize (3) flee (4) relentless (5) helpless (6) decisive **6** ④

Ⓐ The most famous battle in the second Persian War between Greek city-states and the Persian Empire is the Spartan 300 soldier's heroic struggle against a huge Persian army at Thermopylae. Yet, as the Spartan 300 all died and the battle was lost, the Battle of Thermopylae was not the battle that saved Greek city-states.

Ⓑ The most crucial point of the second Persian War was the Battle of Salamis. The battle was fought in the straits of Salamis in 480 BC. Before the battle of Salamis, Greek city-states were in great danger because the huge Persian army was advancing towards them. The Greeks were afraid of the relentless Persian advance, so they were fleeing helplessly.

Ⓒ However, the Athenian general Themistocles persuaded the Greeks to face the Persian fleet at Salamis. Themistocles drew the huge numbers of the Persian fleet into the narrow straits of Salamis. In the narrow sea, the massive number of Persian ships could not move well and became disorganized. The Greek fleet seized this opportunity and won a decisive victory. After the defeat, the Persian Emperor realized that his chance of victory was fast disappearing, so he ordered a retreat. The Battle of Salamis saved Greece!

이 글의 구조와 요약

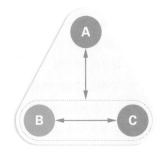

통념	A	제2차 페르시아 전쟁에서 가장 유명한 전투 – 테르모필레 전투 – 그리스 도시국가들을 구한 전투는 아님
반박과 근거	B	제2차 페르시아 전쟁에서 가장 결정적인 전투 – 살라미스 전투 – 이전까지 그리스는 페르시아 군대의 진군에 위기에 처해 있었음
	C	살라미스 전투 과정 및 결과 – 그리스군이 살라미스 해협에서 페르시아 함대를 격파함 – 그 해전의 승리로 페르시아로부터 그리스를 구함

전문해석

Ⓐ 그리스의 도시국가들과 페르시아제국 간의 제2차 페르시아 전쟁에서 가장 유명한 전투는 테르모필레에서 스파르타의 300 전사들이 대규모의 페르시아 군대에 대항한 영웅적인 전투이다. 그러나, 스파르타의 300명은 모두 사망하고 전투에 패했기 때문에, 테르모필레 전투가 그리스의 도시국가들을 구한 전투는 아니었다.

Ⓑ 제2차 페르시아 전쟁의 가장 결정적인 순간은 살라미스 전투였다. 그 전투는 기원전 480년 살라미스 해협에서 벌어졌다. 살라미스 전투 전에 그리스의 도시국가들은 큰 위험에 빠져 있었다. 엄청난 규모의 페르시아 군대가 그들을 향해 전진해오고 있었기 때문이다. 그리스인들은 맹렬한 페르시아의 전진이 두려워서 속수무책으로 도망을 치고 있었다.

Ⓒ 그러나, 아테네의 테미스토클레스 장군은 살라미스에서 페르시아의 함대에 맞서야 한다고 그리스인들을 설득했다. 테미스토클레스는 엄청난 수의 페르시아 함대를 좁은 살라미스 해협으로 끌어들였다. 그 좁은 바다에서 무수히 많은 페르시아의 함선들은 잘 기동할 수 없었고 혼란에 빠졌다. 그리스 함대는 이 기회를 잡아서 결정적인 승리를 쟁취했다. 그 패배 후에 페르시아의 황제는 자신이 이길 기회가 빠르게 사라지고 있음을 깨닫고서 퇴각을 명령했다. 살라미스 전투가 그리스를 구했던 것이다!

0 단락 관계 파악

이 글은 Ⓐ에서 제2차 페르시아 전쟁에서 가장 유명한 전투인 테르모필레 전투가 그리스를 구하지 못했음을 언급한 뒤, Ⓑ와 Ⓒ에서는 살라미스 전투의 앞뒤 상황을 설명하여, 페르시아 전쟁에서 그리스를 구한 결정적 순간이 살라미스 전투였음을 알리는 구조로 되어 있다.

1 내용 불일치

Ⓐ와 Ⓑ에서 제2차 페르시아 전쟁에서 가장 유명한 전투로 테르모필레 전투를 언급하고, 승패를 가른 가장 결정적 전투로 살라미스 전투를 언급하고 있으므로 ①은 글의 내용과 일치하지 않는다. ②, ③, ④의 내용은 Ⓒ에서 언급한 것과 일치한다.

2 연결어 추론

빈칸 앞에는 그리스인들이 페르시아 군대에 쫓겨 도망가고 있었다는 내용이 있고, 뒤에는 페르시아 함대와 맞서자고 그리스인들을 설득했다는 내용이 있다. 맞서는 것과 도망가는 것은 반대의 의미이므로, 빈칸에는 역접의 연결어 ① '그러나'가 들어가는 것이 가장 적절하다.
② 그러므로
③ 그렇지 않다면, 다른 식으로
④ 게다가, 더구나

3 이유 추론

'제2차 페르시아 전쟁의 가장 결정적인 순간은 살라미스 전투였다'라고 판단한 이유는 Ⓑ와 Ⓒ에서 제시되어 있다. 페르시아군의 진군에 무력하게 도망치던 그리스인들을, 테미스토클레스가 설득하여 극적으로 살라미스 전투를 치르게 되었고, 페르시아의 대규모 함대를 살라미스 해협으로 유인하여 격파한 것이 제2차 페르시아 전쟁에서 그리스를 구했다고 설명하고 있다.

4 제목 파악

제2차 페르시아전쟁의 결정적 전투였던 살라미스 전투를 다루며, 그 전투 직후 페르시아가 퇴각하고 그리스가 위기에서 벗어났다는 내용의 글이므로, 글의 제목으로 ① '그리스를 구한 전투'가 가장 적합하다.
② 그리스 해군의 우월성
③ 해군 전략의 중요성
④ 스파르타 병사들의 영웅적인 전투

5 의미 추론

(1) 앞으로 이동하다 : advance(진전하다, 나아가다)
(2) 갑자기 붙잡다 : seize(붙잡다, 포착하다)
(3) 위험으로부터 달아나다 : flee(도망치다)
(4) 심각성이 줄어들지 않는 : relentless(맹렬한, 가차 없는)
(5) 보호되지 않은, 스스로를 방어할 수 없는 : helpless(속수무책으로, 무기력하게)
(6) 특정 상황의 마지막 결과를 위해 대단히 중요한 : decisive(결정적인)

6 유의어

「draw A into B」는 'A를 B 안으로 끌어들이다'라는 의미의 표현으로, draw는 '유혹해서 자기 쪽으로 다가오게 하다'라는 의미이다. '유혹하다, 흥미를 유발해 끌어들이다'라는 의미의 ④ attract와 의미가 가장 가깝다.
① 추적했다
② 색칠했다
③ 추론했다

어휘·구문

Ⓐ
- battle 전투 • empire 제국
- soldier 전사, 군인 • heroic 영웅적인, 용감한
- struggle 전투, 투쟁 • save 구하다

- **The most famous battle** [in the second Persian War between Greek city-states and the Persian Empire] **is** the Spartan 300 soldier's heroic struggle against a huge Persian army at Thermopylae.:
  문장의 주어는 The most famous battle이고 동사는 is이다. 긴 부사구[ ]가 주어를 수식하고 있다.
- Yet, as the Spartan 300 all died and the battle was lost, the Battle of Thermopylae was not **the battle** [that saved Greek city-states].:
  [ ]는 선행사 the battle을 수식하는 주격 관계대명사절이다.

Ⓑ
- crucial 결정적인, 중대한 • strait 해협
- advance 전진하다, 나아가다 • relentless 맹렬한, 가차 없는
- flee 도망치다 • helplessly 속수무책으로, 무기력하게

Ⓒ
- general 장군, 사령관 • persuade 설득하다, 독촉하다
- fleet 함대 • narrow 폭이 좁은 • massive 대규모의, 큰
- disorganize 혼란에 빠뜨리다, 조직을 무너뜨리다
- seize 붙잡다, 포착하다 • opportunity 기회
- decisive 결정적인 • defeat 패배
- emperor 황제 • realize 깨닫다, 실감하다
- order 명령하다 • retreat 퇴각, 후퇴

- Themistocles **drew** the huge numbers of the Persian fleet **into** the narrow straits of Salamis.:
  「draw A into B」 구문은 'A를 B 안으로 끌어들이다'라는 의미이다. A에 해당하는 the huge numbers of the Persian fleet가 문장의 목적어이고, B에 해당하는 the narrow straits of Salamis가 전치사 into의 목적어이다.

0 **B** The first **C** Many people
1 ① **2** ① **3** ② **4** [예시 답안] TV, 라디오, MP3 등
5 (1) differ in (2) differ in (3) differs from (4) differs from

A There's been a common misconception that both the Millennials and Generation Z, or simply Gen Z, are essentially the same. But, that would be an oversimplification.

B The first apparent difference is the age. Born between about 1980 and 1995, the oldest Millennials were in college when the Internet came out. Gen Z, born roughly between 1996 and 2012, grew up with all kinds of information flooding in with its oldest members first learning about social media when they were in middle school.

C Many people think that Millennials have always had social media, but <u>this is completely false</u>. The fact is the internet was coming of age alongside Millennials. And it was not in the form of social media — it was email. Gen Z, on the other hand, got their first smartphone when they were very young and prefer enjoying entertainment through online media than the traditional outlets. For them, online media is a place where they can make real connections through direct messages, sharing posts, memes, and videos. While the Millennials are also tech-savvy and dependent on technology, Gen Z seems to have a natural bond with technology.

D It is true that both groups are considered "young adults," and are highly connected to the internet and technology. However, a closer look reveals that these generations differ in their attitudes toward money, technology, purchase habits, social media, and career motivations.

이 글의 구조와 요약

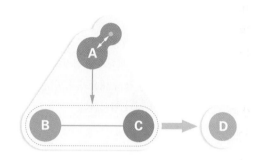

통념과 반박	A	밀레니얼 세대와 Z세대가 같다는 생각 → 지나친 단순화로 빚어진 오해임
반박의 근거	B	두 세대 간 나이 차이가 확연함 - 밀레니얼 세대: 1980~1995년 출생, 대학 시절 인터넷을 접함 - Z세대: 1996~2012년 출생, 중학생 때 다양한 인터넷 정보와 소셜 미디어 접함
	C	두 세대가 경험한 인터넷 환경은 다름 - 밀레니얼 세대: 인터넷과 함께 성장, 주로 이메일로 소통 - Z세대: 스마트폰, 다양한 온라인 매체와 콘텐츠 향유
결론	D	두 그룹 모두 인터넷과 기술에 친숙하지만, 다른 점이 많음 - 돈, 기술, 구매 습관, 소셜 미디어, 직업 동기에 대한 태도

전문해석

A 밀레니얼 세대와 Z세대, 혹은 간단히 Gen Z 모두 본질적으로는 같다고 생각하는 일반적인 오해가 있어왔다. 그러나 그것은 지나친 단순화일 수 있다.

B 첫 번째 분명한 차이는 나이다. 1980년에서 1995년 사이에 태어난 가장 나이가 많은 밀레니얼 세대는 인터넷이 나왔을 때 대학에 다녔다. 대략 1996년에서 2012년 사이에 태어난 Z세대는 밀려드는 온갖 종류의 정보들과 함께 성장했으며, 그 중의 가장 나이가 많은 이들은 중학교 때 처음 소셜 미디어를 알게 되었다.

C 많은 사람들이 밀레니얼 세대는 항상 소셜 미디어를 갖고 있었다고 생각하지만, 이것은 완전히 사실과 다르다. 사실은 인터넷이 밀레니얼 세대와 함께 성장하고 있었다. 그리고 그것은 소셜 미디어의 형태가 아니라 이메일이었다. 반면에, Z세대는 아주 어린 나이에 첫 번째 스마트폰을 갖게 되었고, 그래서 전통적인 표현매체보다 온라인 매체를 통해 오락을 즐기는 것을 선호한다. 그들(Z세대)에게, 온라인 매체는 다이렉트 메시지나 포스트·밈·비디오 공유 등을 통해서 진짜로 관계를 맺을 수 있는 곳이다. 밀레니얼 세대 역시 기술에 능숙하고 기술에 의존하지만, Z세대는 기술에 대해 자연스러운 결속감을 갖고 있는 듯하다.

D 두 그룹 모두 '젊은 성인들'로 여겨지며 인터넷과 기술에 고도로 연결되어 있는 것이 사실이다. 그러나, 보다 더 자세히 들여다보면 이 세대들은 돈, 기술, 구매 습관, 소셜 미디어, 직업 동기에 대한 태도 면에서 다르다는 것이 드러난다.

1 제목 파악

밀레니얼 세대와 Z세대를 하나로 묶어 같은 세대로 여기는 사회적 통념을 반박하며 그들이 어떻게 다른지 설명하는 글이므로, ① '밀레니얼 세대 대 Z세대: 그들은 어떻게 다른가?'가 글의 제목으로 가장 적절하다.

② 밀레니얼 세대 대 Z세대: 오해가 지속되는 이유

③ 밀레니얼 세대 대 Z세대: 당신은 둘 중 어떤 세대이고 그것은 무엇을 의미하는가?

④ 세대 규정하기: 밀레니얼 세대가 끝나고 Z세대가 시작되는 지점

2 빈칸 추론

빈칸 앞에 역접의 연결어 but이 있으므로 빈칸에는 앞의 내용과 다르거나 반대되는 내용이 와야 한다. 빈칸 앞에는 많은 사람들이 밀레니얼 세대가 항상 소셜 미디어를 갖고 있었다고 생각한다는 내용이 있고, 뒤에는 사실은 인터넷과 밀레니얼 세대가 함께 성장했다는 내용이 있다. 즉, 사람들의 생각과 사실은 다르다는 의미이므로, 빈칸에는 ① '이것은 완전히 사실과 다르다'가 들어가는 것이 가장 적절하다.

② 이것은 두고 볼 일이다

③ 그들은 그렇게 쉽게 설득되지 않는다

④ 이 주장은 사실에 가깝다

3 내용 일치

C의 마지막 문장 While the millennials ~ with technology.에서 밀레니얼 세대보다 Z세대가 기술에 자연스러운 결속감을 갖고 있는 듯하다고 했으므로 ② '밀레니얼 세대는 Z세대만큼 소셜 미디어를 통해 의미 있는 관계를 추구하지는 않는다.'가 글의 내용과 일치한다.

① 가장 나이가 어린 밀레니얼 세대는 성년에 이를 때까지 인터넷에 접근하지 못했다. → 인터넷은 밀레니얼 세대와 함께 성장했다.

③ Z세대가 태어나기 전에도 인터넷 접속은 훨씬 더 활발했다. → Z세대가 태어나기 전에 인터넷 접속은 상대적으로 그 이후보다 활발하지 않았다.

④ 나이 차이를 차치하면 밀레니얼 세대와 Z세대는 기본적으로 동일한 인생에 대한 사고방식을 공유하고 있다. → Z세대가 밀레니얼 세대보다 인터넷 콘텐츠와 기술에 더 친숙하다.

4 의미 추론

online media는 컴퓨터나 스마트폰의 인터넷 기능을 통해 접속이 가능한 여러 가지 매체를 의미한다. 이에 반해 the traditional outlets는 인터넷 등장 이전부터 존재하던 매체인데, 글의 내용처럼 오락을 즐길 수 있는 것으로는 TV, 라디오, MP3 등을 예로 들 수 있다.

5 differ in vs. differ from

'다르다'는 뜻의 동사 differ 다음에 in이 오면 그 뒤에는 비교되는 속성이 나오고(differ in A: A면에서 다르다), from이 오면 비교되는 대상이 나온다(differ from A: A와 다르다). (3), (4)의 경우 주어가 3인칭 단수이므로, 동사도 단수형으로 써야 한다.

(1) 캐나다 동부와 서부 해안은 기후 면에서 다르다.

(2) 나는 그 쌍둥이들을 구별할 수 있다. 그들은 키가 다르다.

(3) 이 스마트폰이 저것과 어떻게 다른지 설명해 주실래요?

(4) 이 조리법은 달걀이 필요하지 않기 때문에 저 조리법과 다르다.

어휘·구문

A

- common 일반적인, 공통의, 흔한   • misconception 오해
- Millennials 밀레니얼 세대(1980~1995년 사이에 태어난 세대)
- generation 세대   • essentially 본질적으로, 근본적으로
- oversimplification 지나친 단순화

B

- apparent 분명한, 명백한   • roughly 대략, 대체로
- grow up 성장하다   • flood 밀려들다, 범람하다
- social media 소셜 미디어
- Gen Z, [**born** roughly between 1996 and 2012], grew up [**with** all kinds of information **flooding** in with its oldest members first learning about social media when **they** were in middle school].:
  첫 번째 [ ]는 문장의 주어인 Gen Z를 수식하는 과거분사구 형태의 삽입구이며, 동사는 grew up이다. 두 번째 [ ]는 「with+명사+현재분사」 구문으로 동시에 일어나는 부대상황을 표현한 것이며, 앞의 내용과 동시에 with 이하의 일도 함께 일어났다는 의미이다. they는 its oldest members를 가리키는 인칭대명사이다.

C

- completely 완전히   • come of age 성장하다, 성년이 되다
- alongside 나란히, 접하여   • entertainment 오락, 유흥
- traditional 전통적인   • outlet 표현매체, 출구
- connection 관계, 연결   • meme 밈
- tech-savvy 기술에 정통한[능한]   • dependent on ~에 의존하는
- technology 기술
- The fact is [the internet was coming of age alongside Millennials].: The fact가 문장의 주어이고, [ ]가 보어로 앞에 접속사 that이 생략되어 있다.
- Gen Z, **on the other hand**, got their first smartphone when they were very young and **prefer** enjoying entertainment through online media **than** the traditional outlets.:
  on the other hand는 '반면에'를 뜻하는 접속사로 대개 문장 앞에 위치하지만, 주어 다음에 삽입하기도 한다. 'B보다 A를 선호하다'라는 의미로, 「prefer A to B」 구문을 쓰는데, to 대신에 than을 쓸 수도 있다.

D

- reveal 드러내다, 알리다   • attitude 태도, 마음가짐
- purchase 구매   • career 직업, 경력
- motivation 동기, 의욕

8

0 [A] ⓓ [B] Alcott was / ⓒ [C] However, Jo / ⓐ [D] Alcott intentionally / ⓑ
1 (1) women's rights (2) slavery   **2** ①   **3** ②   **4** ③   **5** ④

[A] Louisa May Alcott is best known for her novel *Little Women*, the story of a family in nineteenth-century America. At first sight, *Little Women* appears to talk about traditional themes such as family values, sacrifice, and self-control. A closer look, however, reveals a deeper social message in the story.

[B] Alcott was a strong believer in women's rights and a strong opponent against slavery, and Alcott's voice is reflected in Josephine March, the second oldest daughter of the March family. Unlike her traditionally feminine sisters, she uses a male nickname, "Jo," <u>and</u> chooses to become a writer, a profession for males in her day. Jo even wishes to join the Union Army to fight against slavery.

[C] However, Jo is not always sure of herself; Jo has the ambition to succeed as a writer, and supports herself through her writing, <u>yet</u> she also strongly feels the pressure to act as a dutiful daughter and follow traditional values.

[D] Alcott intentionally put more weight on Jo's words and actions than those of her more feminine sisters; Jo represents Alcott's views on social issues, and Jo's character reflects Alcott's understanding of women's dilemma in the nineteenth century.

이 글의 구조와 요약

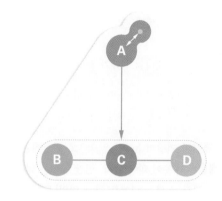

통념과 반박	A	올컷의 소설과 소설이 전하는 메시지 – '작은 아씨들'의 주제는 19세기 미국의 전통적 가치관인 듯함 → 그러나 보다 깊이 있는 사회적 메시지를 엿볼 수 있음
반박의 근거	B	올컷의 사상과 소설 속 인물 – 여성의 권리 옹호, 노예제도 반대 – 조세핀 마치에 작가 자신을 투영함 (남성 별칭 사용, 남성 직업인 작가 선택, 북부군 입대 희망)
	C	소설 속 인물이 겪는 갈등 – 조는 작가로 성공하고자 열망하며 글쓰기로 생계를 꾸림 – 전통적 가치를 따라야 하는 압박감을 느낌
	D	인물에 반영된 작가 올컷의 의도 – 소설 속 조세핀의 말과 행동을 부각시킴 – 작가 자신의 사회적 견해, 여성이 처한 시대적 딜레마를 조세핀을 통해 말하고자 함

전문해석

[A] 루이자 메이 올컷은 19세기 미국의 한 가족의 이야기를 쓴 소설 '작은 아씨들'로 가장 잘 알려져 있다. 언뜻 보기에, '작은 아씨들'은 가족의 가치들, 희생, 자기절제 등과 같은 전통적인 주제들에 대해 말하는 듯 보인다. 그러나 더 가까이 들여다보면, 이야기에 담긴 보다 깊이 있는 사회적 메시지가 드러난다.

[B] 올컷은 여성의 권리에 대한 강한 신봉자였고 노예제도에 대한 강한 반대자였으며, 그녀의 목소리는 마치 집안의 둘째 딸인 조세핀 마치에 투영되어 있다. 전통적으로 여성스러운 자매들과는 달리, 조세핀은 남성의 별칭인 '조'를 사용하며, 당시에는 남성들의 직업이었던 작가가 되기로 결심한다. 심지어 조는 노예제도에 대항해서 싸우기 위해 북부군에 입대하기를 희망한다.

[C] 그러나, 조가 항상 스스로에 대해 확신한 것은 아니다. 조는 작가로 성공하고자 하는 야망을 갖고 있고, 글쓰기를 통해 스스로 생계를 꾸리지만, 충실한 딸로서 행동하고 전통적인 가치들을 따라야 한다는 압박감을 강하게 느끼기도 한다.

[D] 올컷은 의도적으로 더 여성스러운 자매들보다는 조의 말과 행동에 더 많은 무게를 둔다. 조는 사회적 문제들에 대한 올컷의 관점을 대변하며, 조의 캐릭터는 19세기 여성들의 딜레마에 대한 올컷의 견해를 반영하고 있다.

0 단락 관계 파악

이 글은 A에서 소설 '작은 아씨들'의 주제와 관련된 통념과 반박을 언급한 뒤, B, C, D에서는 작가인 루이자 메이 올컷이 그녀의 소설 속 인물인 조세핀 마치를 통해 19세기 미국의 사회적 문제와 시대적 한계에 부딪힌 여성들의 갈등을 반영하고 있다는 내용으로, 반박의 근거를 제시하는 구조로 되어 있다.

1 구체적 진술 파악

올컷이 소설 '작은 아씨들'을 통해 전달하고자 한 사회적 메시지는 B의 첫 문장에 a strong believer in women's rights(여성의 권리에 대한 강한 신봉자), a strong opponent against slavery(노예제도에 대한 강한 반대자)로 표현되어 있다.

올컷의 사회적 메시지
(1) 루이자 메이 올컷은 여성의 권리를 옹호한다.
(2) 루이자 메이 올컷은 노예제도에 반대한다.

2 내용 일치

A의 마지막 문장 ~ reveals a deeper social message in the story에서 보다 깊이 있는 사회적 메시지가 드러난다고 했으므로 ① 이 글의 내용과 일치한다.
② 올컷이 가족 내에서 몇째 딸인지는 언급되지 않았다.
③ 조세핀은 남성의 별칭을 사용하고 남성의 직업인 작가를 선택했다.
④ '작은 아씨들'에서 조세핀의 역할을 가장 비중 있게 다루었다.

3 제목 파악

'작은 아씨들'이 19세기 미국의 전통적인 가치를 담고 있다는 통념을 반박하며 사회적 문제들에 대한 작가의 생각이 작품에 투영되어 있다고 주장하는 내용의 글이므로, ② '표면 아래: '작은 아씨들'의 근본적 주제'가 글의 제목으로 가장 적절하다. ①, ③, ④는 모두 이 글을 통해 알 수 없는 내용을 표현한 것이므로 제목으로 적절하지 않다.
① '작은 아씨들'의 창의적인 전개
③ '작은 아씨들'이 여성 인권 운동에 영향을 준 방식
④ 작가의 장애: 루이자 메이 올컷이 장애물들을 극복한 방식

4 연결어 추론

(A) 조세핀이 남성의 별칭인 'Jo'를 사용하고 남성의 직업인 작가를 선택했다는 내용은 전통적 여성관을 극복하고자 한 사례이므로, 빈칸에는 and가 들어가야 한다.
(B) 앞으로 남성의 직업인 작가로 성공하고자 하는 야망, 착한 딸로서 전통적인 가치관을 따라야 한다는 부담감이 나온다. 이 둘은 서로 상충되는 내용이므로 '그럼에도, 그러나'를 뜻하는 yet이 들어가야 한다.

① 또는 – 그러나
② 그러나 – 그래서
③ 그리고 – 그러나
④ 그러나 – 왜냐하면

5 의미 추론

represent는 '대변하다, 대표하다'라는 뜻의 동사이다. 등장인물 조세핀을 통해 사회적 문제들에 대한 작가 자신의 생각을 표현했다는 의미이므로 ④ '어떤 사람 또는 어떤 것을 위해서 공식적으로 행동하거나 말하다'가 이 의미를 가장 잘 설명하고 있다.
① 어떤 것이 존재하거나 사실임을 보여주다
② 어떤 것을 사람들이 볼 수 있는 곳에 두다
③ 어떤 사람이 누구인지, 어떤 사물이 무엇인지 밝혀내다

어휘 · 구문

A
- novel 소설   - at first sight 언뜻 보기에, 처음 보면
- traditional 전통적인   - theme 주제
- value 가치, 가치관   - sacrifice 희생
- self-control 자기절제   - reveal 드러내다

- At first sight, *Little Women* appears to talk about traditional themes **such as** family values, sacrifice, and self-control.:
  such as는 '예를 들어(=for example), ~와 같은'을 뜻하는 표현으로, traditional themes의 구체적인 예를 나열하는 역할을 한다. family values(가족의 가치들), sacrifice(희생), self-control(자기절제) 등이 '전통적 주제들'의 구체적인 예이다.

B
- opponent 반대자, 적   - slavery 노예제도, 노예상태
- reflect 반영하다, 비추다   - feminine 여성의, 여성다운
- profession 직업   - male 남성의; 남성, 수컷

C
- ambition 야망, 열망   - support oneself 생계를 꾸리다
- pressure 압박, 압력   - dutiful 충실한, 의무를 행하는
- follow 따르다

- Jo has the ambition to succeed as a writer, and supports herself through her writing, **yet** she also strongly feels the pressure *to act* as a dutiful daughter and *follow* traditional values.:
  yet은 '그렇지만, 그럼에도'를 뜻하는 접속사로, 앞의 문장과 뒤의 문장을 대조하기 위해 쓴 것이다. the pressure는 두 번째 문장의 목적어이고 '압박감'의 내용이 뒤에 to부정사구인 to act(행동하기) ~ (to) follow(따르기) ~로 설명되어 있다.

D
- intentionally 의도적으로   - represent 대표하다, 묘사하다
- character 캐릭터, 성격, 기질   - dilemma 딜레마

- Alcott intentionally put **more** weight on Jo's words and actions **than** *those* of her more feminine sisters:
  「more ~ than」을 사용한 비교급 문장으로, 비교 대상은 Jo's words and actions와 those of her more feminine sisters이다. those는 words and actions를 대신한 지시대명사이다.

왜 대립 구조로 썼을까?

기출문제 정답

본문 155쪽

(A) individual (B) less (C) adding

A School assignments have typically required that students work alone. This emphasis on (A) collective / individual productivity reflected an opinion that independence is a necessary factor for success. Having the ability to take care of oneself without depending on others was considered a requirement for everyone.

B Consequently, teachers in the past (B) more / less often arranged group work or encouraged students to acquire teamwork skills.

C However, since the new millennium, businesses have experienced more global competition that requires improved productivity. This situation has led employers to insist that newcomers to the labor market provide evidence of traditional independence but also interdependence shown through teamwork skills.

D The challenge for educators is to ensure individual competence in basic skills while (C) adding / decreasing learning opportunities that can enable students to also perform well in teams.

*competence: 능력

이 글의 구조와 요약

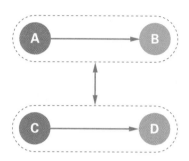

통념 (과거)	A	개인의 생산성 강조와 독립성이 성공의 요인 이었음
	B	학생들의 그룹 활동과 팀워크 기술획득을 덜 권장됨
반박 (현재)	C	바뀐 경쟁 환경으로 독립성 외에 팀워크 기술 의 필요성 대두
	D	학생 개인의 역량 보장 및 팀 수행력도 높이 는 학습 기회가 더 요구됨

전문해석

A 학교 과제는 전형적으로 학생들이 혼자 해야 했다. 이런 개인의 생산성 강조는 독립성이 성공의 필수 요인이라는 의견을 반영했다. 타인에게 의존하지 않고 자신을 관리하는 능력을 갖추는 것이 모든 사람에게 필요한 조건으로 여겨졌다.

B 결과적으로 과거 교사들은 그룹 활동을 마련해 주거나 학생들이 팀워크 기술을 획득하도록 권장하는 일을 덜 했다.

C 그러나 뉴 밀레니엄 이후, 기업들은 향상된 생산성을 요구하는 더 큰 국제적 경쟁을 경험해 왔다. 이런 상황으로 인해 고용주들은 노동 시장의 신참이 전통적인 독립성뿐만 아니라 팀워크 기술을 통해 보이는 상호의존성의 증거도 제공해야 한다고 요구하게 되었다.

D 교육자들의 도전 과제는 기본적인 기술로 개인의 역량을 보장하면서도, 학생들이 팀에서 잘 수행할 수 있도록 하는 학습 기회를 추가하는 것이다.

어휘 적절성 판단 ▶ 글쓴이가 주장하는 바를 파악했는가?

A 학교 과제에 대한 글임을 알 수 있다. 과제를 혼자 수행해야 했던 사회 조건을 언급하고 있으나, typically로 보아, 달라져야 하는 학교 과제에 대한 언급이 있을 거라고 짐작해 볼 수 있다. 과거에 혼자 수행하는 과제를 언급하는 내용이므로 (A)에 individual이 적합하다는 판단을 내릴 수 있다.

B 개인의 생산성을 강조한 결과로 나타난 현상을 언급한 단락이라는 점에 주목해야 한다. 교사들이 팀워크 기술을 권장하는 일을 (B) 덜 (less) 했을 것이라고 판단할 수밖에 없다.

C 글의 흐름이 대조되어 바뀌고 있다. 새 시대의 변화를 언급하고 있고 과거와 달리 팀워크를 강조하고 있음을 알 수 있다.

D 시대가 바뀌고 사회의 요구가 달라졌기 때문에 학교의 교육도 달라져야 한다는 내용이 자연스럽게 이어질 수밖에 없다. 바뀐 시대에 교사들에게 도전 과제는 학습 기회를 (C) 더해(adding) 주는 일일 것이다.

어떤 문제가 출제되더라도 결국 글의 주제, 글쓴이의 생각, 글의 구조를 파악하는 데서 출발한다는 점을 다시 한번 확인할 수 있다.

- assignment 과제 • emphasis 강조
- productivity 생산성 • reflect 반영하다
- independence 독립성 • factor 요소
- depend on ~에 의존하다 • requirement 필요조건, 요구
- This emphasis on individual productivity reflected **an opinion** [**that** independence is a necessary factor for success].:
  [ ]의 that은 앞에 있는 an opinion의 내용을 언급하고 있는 동격의 명사절을 이끄는 접속사이다.

- consequently 그 결과, 따라서 • arrange 마련하다
- encourage 권장하다 • acquire 획득하다

- millennium 천년 • global 세계적인
- competition 경쟁
- insist 주장하다, 요구하다
- interdependence 상호의존

D

- ensure 보장하다
- competence 능력
- perform 행하다, 수행하다

영어 실력 자신감! 디딤돌 영어 시리즈

초등